부패방지의
솔루션,
ISO 37001

부패방지의
솔루션,
ISO 37001

Anti-Corruption Solution, ISO 37001

장대현 지음

KCA 한국컴플라이언스아카데미
KOREA COMPLIANCE ACADEMY

법률가,
국제표준에 눈뜨다

1986년, 서울 아시안게임이 열리는 해에 대학에 들어갔다. 취업이 잘 된다는 상대(商大)를 지원했지만 떨어졌다. 2지망으로 지원한 법대(法大)에 붙었다. 다행히 전공은 적성에는 맞았다. 주변의 분위기도 있고해서 인생역전을 꿈꾸며 잠시나마 사법시험을 공부했다. 졸업 후에도 1년 정도 고시생으로 있었다. 나이 들어 가족들에게 누를 끼치는 것 같아 결국 취업했다. 대기업 임원이 되겠다는 푸른 꿈을 안고 입사했다. 하지만 회사는 오래가지 않았다. IMF 외환위기로 그룹이 공중분해 되고, 회사는 워크아웃에 들어갔다. 7년 넘게 다니던 첫 직장을 과장도 못 달고 나왔다. 그 후 여러 번 직장을 옮겨 다녀야 했다. 하지만 다행히 쉬지 않고 25년 동안 직장을 다녔다. 다녔던 회사에는 법학 전공자가 드물었다. 법학을 전공했다는 이유 하나만으로 법무 업무를 오래 할 수 있었다. 2년

반 동안 주경야독한 결과 법학 석사학위도 얻었다. 어쨌든 법학을 전공했고, 법무 업무를 계속 했기에 자신을 '법률가(lawyer)'라 생각하고 살았다.

2015년 3월, 정부는 부정부패 척결을 위해 '부패와의 전쟁'을 선포했다. 특히 대기업을 겨냥해 사정(司正)의 칼을 빼들었다. 정권이 바뀔 때마다 한번씩 나오는 뉴스여서 남의 일이라 생각했다. 그해 3월 토요일 아침, 검찰이 회사에 압수수색을 나왔다. 회사뿐만 아니라 계열사 공장과 회장 자택에도 압수수색을 했다. 압수수색이 있고 두 달이 되지 않아 회장이 구속됐다. 범죄 혐의는 횡령, 배임, 배임수재 등이었다. 1심에서 징역 3년 6개월이 선고되었다. 항소심과 상고심에서 집행유예 석방을 기대했지만 결국 대법원에서 1심 형이 확정되고 말았다. "상고를 기각한다"는 대법관의 말이 아직도 귀에 맴돈다. 형이 확정되자 회장은 구치소에서 교도소로 이송되었다. 회장이 구치소에 있을 때는 자주 면회를 하러 갔었다. 회장의 감형을 위해 열심히 노력했다. 당시 회사가 어려웠기에 회장의 석방이 회사를 살리는 길이라 생각했다. 2년여 가까운 재판이 끝나고 2017년에는 회사도 어느 정도 안정되어 갔다. 하지만 실추된 회사 명예는 쉽게 회복되지 않았다. 그때 회사에 뭔가 새로운 것이 필요하다는 생각이 들었다. 그러다 우연히 ISO 37001 국제표준을 발견했다. 회사에 부패방지 경영시스템이 도입된다면 뭔가 새로운 변화가 있을 것 같았다. 오랫동안 법률에만 관심을 가지고 살다가 비로소 국제표준에 눈을 뜬다. 2017년 가을, 시스템 도입을 위한 보고를 마쳤다. 후배들과 실무적인 준비도 차근 차근히 해 나갔다. 하지만 그해 12월, 회사를 나와야 했다.

회사는 ISO 37001을 도입하지 못했지만, 회사에 있을 때 취득한 심사원 자격이 퇴직 후 새로운 직업이 되었다. 제약회사, 대기업, 공기업, 공공기관에 심사를 나갔다. 심사는 제삼자의 시각으로 조직을 들여다 볼 좋은 기회였다. 2018년 11월, 컴플라이언스 교육 전문회사를 창업했다. 창업 초기에 매출이 없다 보니, 생계를 위해 더 열심히 심사를 다녀야 했다. 오히려 그 덕에 최고 클래스인 검증심사원 자격을 생각보다 빨리 취득했다. 창업한 회사도 ISO 37001 인증심사원 연수기관으로 지정받아 수강생이 많지는 않았지만 교육을 계속 했다. 퇴직 후 지난 2년을 돌아보면 '부패방지'와 관련한 활동을 많이 한 것 같다. 오십년 넘게 살면서 이렇게 한 가지 주제에 천착(穿鑿)한 것은 처음이다. 공부를 하면 할수록 ISO 37001 표준이 부패방지를 위해 매우 유용한 도구(tool)라는 확신을 가지게 된다. 이 책은 저자의 현장 경험을 바탕으로 작성했다. 이 책의 발견이 여러분 들에게 행운이 되었으면 한다.

2020년 5월 26일
광화문에서
장대현

목차

제**1**장

부패방지에
대한 이해

부패방지에 대한 시스템적
접근의 필요성[1]

2019년 7월 근 김포경찰서는 김포에 위치한 유명 의료기기업체 T사를 압수수색을 했다. 이 업체는 지난 3년간 수십 명의 대학병원 교수에게 불법 리베이트를 제공한 의혹을 받고 있다. T사 국내 영업부 전(前) 직원이 내부고발한 것으로 전해진다. 언론사가 입수한 내부고발 자료에 따르면 가족 골프 여행 항공권부터 유흥비까지 한 번에 수백만 원 뭉칫돈이 나간 것으로 나타났다. 결제 기록을 숨기려고 직원 개인계좌를 통해 우회적으로 돈을 지급하는 편법을 이용했다고 한다. 고발자는 "그동안 교수 관리 차원에서 예전부터 관행상 이어오던 패턴이다"라고 말했다. 경찰은 고발장을 접수한 지 두 달 만에 압수수색을 하며 수사에 착수했다. 국내 영

1 부패방지의 솔루션, ISO 37001, 장대현, 대한변협신문 2019년 9월 9일 자, 8면.

업을 담당했던 고발인의 증언에 신빙성이 있다고 판단한 것이다.

2019년 7월 유명 제약사인 D사의 리베이트 사건에 대한 대법원 최종 판결이 나왔다. 대법원판결이 나오면서 지난 3년간의 검찰수사와 법원 재판이 일단락되었다. 하지만 최고경영진에 내려진 형량에 업계가 놀라워하고 있다. 전문경영인 전(前) 대표이사 A 부회장에게 징역 2년 6개월, 집행유예 3년, 벌금 130억 원이, 오너인 B 회장에게는 징역 2년 6개월 실형에 벌금 130억 원이 확정되었다.

다소 충격적인 것은 오너가 아닌 대표이사 CEO에게 130억이라는 막대한 벌금이 부과된 점이다. A 부회장은 D사에 재직할 때 꽤 높은 연봉을 받았겠지만, 130억의 벌금을 납부할 능력은 없을 것이다. 벌금을 못내면 칠순이 넘은 고령에도 강제 노역을 해야 한다.

현행법상 제약사는 의료기관과 의료인에게 판매촉진 등을 목적으로 리베이트를 제공할 수 없다. 하지만 현실에서 제약사와 의료인 간에 이루어지는 불법 리베이트는 아주 오래된 이슈다. 몇 년 전 한국제약바이오협회 회장을 맡고 있던 L 회장은 협회 회원사들에 호소문을 보냈다. 호소문의 주된 내용은 그동안 제약업계에 뿌리 박힌 리베이트 이슈를 해결하기 위해 부패방지경영시스템 국제표준인 ISO 37001을 도입하자는 것이었다. 2017년 10월 한국제약바이오협회는 50개 이사 사가 2019년까지 ISO 37001의 도입을 추진하기로 의결했다. ISO 37001의 도입과 인증을 추진하는 회원사에 대해서는 협회에서 일정 금액의 교육비와 컨설팅 비용까지 지원하기로 했다. 2020년 2월 4일까지 43개사가 인증을 취득하고, 10개사는 막바지 작업 중인 것으로 알려졌다.

2016년 전 세계적으로 부패방지와 관련하여 역사적인 이정표가 될만한 두 가지 사건이 발생했다. 한국에서 일명 '김영란법'이라 불리는 청탁금지법이 시행되고, 국제표준화기구 ISO에서 부패방지경영시스템 ISO 37001을 제정한 일이다. 이듬해 2017년 11월 국가기술표준원에서는 ISO 37001을 한국 산업표준(KS)으로 제정하여 ISO 37001은 한국에서도 통용되는 법규범이 되었다.

저자는 2017년 회사에 재직할 당시 회사에 ISO 37001을 도입할 목적으로 심사원 교육에 참여한 적이 있다. 결국 회사는 ISO 37001을 도입하지는 못했지만, 그때 취득한 심사원 자격은 퇴직 후에 저자의 새로운 직업이 되었다. 지난 2년 동안 제약사를 비롯한 여러 기업에 심사하러 다니면서 우리 기업의 변화를 절실히 느끼고 있다.

벤치마킹(Benchmarking)은 기업 경쟁력을 높이기 위해 다른 회사에서 배워오는 경영기법을 말한다. 최근 리베이트 이슈로 고통을 겪고 있는 의료기기 업체들도 이제는 제약사들의 혁신 활동을 벤치마킹할 때가 된 것 같다. 적용법규에 차이는 있지만, 의료기관과 의료인을 상대로 영업을 하는 것은 같기 때문이다.

전 세계적으로 부패방지와 관련한 법규는 갈수록 강화되고 있다. 각 정부의 법 집행 또한 매우 엄격해 지고 있다. 2020년 1월 프랑스 항공우주 방위사업체인 에어버스(Airbus SE)는 해외 뇌물사건을 해결하기 위해 미국, 프랑스, 영국 정부와 약 39억불(약 4조 8,500억 원)이 넘는 글로벌 페널티(벌금)에 합의했다. 에어버스의 이번 합의는 역대 해외 뇌물 합의금액 중 가장 큰 금액이다. 3개국 정부와 벌금에 합의한 것으로 보아 국가간 수사 공조가 강화되었음을 알 수 있다. 에어버스가 미국 법무부(DOJ)와 합의한 금액만 해도 약 20억불이다. 에어버스 사건은 역대 가장 큰 미국 해외부패방지법 집행(the biggest FCPA enforcement action)으로 기록되었다. 2008년 독일 지멘스가 8억불 벌금으로 FCPA 고액벌금 1위를 계속 유지해 왔으나, 2017년부터 최근 3년간 1위 기업이 계속 바뀌면서 그 벌금액수도 높아지고 있다. 미국 법무부(DOJ)의 FCPA 집행이 활발해 졌기 때문이다.

이러한 글로벌 환경의 변화에 기업이 효과적으로 대응하기 위해서는 적절한 경영시스템 구축이 필요하다. 이미 ISO는 글로벌 수준에서 모든 조직에 통용될 수 있는 부패방지 솔루션을 제시했다. 그것이 ISO 37001 국제표준이다. ISO 37001이 만병통치약은 아니지만, 분명히 조직의 부패를 방지하는 데 도움이 될 것이다. 독감에 걸려 본 사람은 독감백신 주사비가 절대 비싸지 않다는 것을 알게 된다. 이제 부패방지는 가성비 좋은 경영시스템으로 해결하자.

부패/
뇌물이란?

▶ 부패의 어원[2]

뇌물은 부패의 전형적인 요소로 꼽힌다. 뇌물(賂物)의 앞 한자 '뇌(賂)' 자는 '조개 패(貝)'와 '각자 각(各)'으로 구성되어 있다. 옛날에 조개는 돈으로 쓰였다. 돈을 사람들에게 골고루 나눠준다는 뜻이다.

부패를 의미하는 영어 'Corruption'은 원래 '여인을 유혹해서 그 육체를 탐한다'와 '관료에게 뇌물을 바친다'는 두 가지 의미가 있었다. 영어 'Corruption'은 로마 시대 라틴어가 어원(語源)으로 'Cor(함께)'와 'Rupt(망

●
2 부패의 어원, 장대현, 페로타임즈, 2019년 6월 12일 자, 7면

한다)'의 합성어다. 부패(腐敗)의 한자는 '썩을 부(腐)'와 '무너질 패(敗)'로 썩어서 무너져 내린다는 뜻을 가지고 있다.

서양과 동양의 의미가 비슷하다. 결국 부패하면 주는 사람이나 받는 사람이나 처음에는 이익이 되는 것 같지만, 함께 망할 뿐 아니라 썩어 무너져 내리는 것이다. 아주 오래전 부패하면 '함께 망한다'는 단어를 만들어낸 선인들의 지혜가 놀랍다[3]. 부패의 어원이 의미하는 것처럼 부패는 부패가 발생하는 조직, 사회, 국가를 무너뜨릴 수 있는 매우 위험한 현상이다.

▶ 부패의 개념

부패의 개념은 다양하지만, 일반적으로 "사적인 이익을 위해 공적인 권한이나 지위를 **오남용하는 행위**"(Lambsdorff, 2007) 또는 "불법적이거나 부당한 방법으로 재물, 지위, 기회 등과 같은 물질적 혹은 사회적 이득을 얻거나 또는 다른 사람이 얻도록 돕는 모든 일탈행위"(국가청렴위원회, 2006)로 정의(定義)된다[4].

주요 국제기구의 '부패'에 대한 정의(definition)를 정리하면 다음과 같다[5]. 세계은행(World Bank)은 부패라는 현상의 복잡성을 인정하면서

●
3 조관일, 윤리가 밥 먹여준다, 지식노마드(2017).
4 컴플라이언스경영전문가CCP자격검정수험서, 공정경쟁연합회(2017).

도, 이를 "사적 이득을 위한 공적 지위의 남용(the abuse of public office for private gain)"이라고 단순하게 정의한다. 경제협력개발기구(OECD)는 부패에 관한 형법상 정의와 정책목적상 정의를 나누어 설명하고 있다. 형법상 정의에서는 '부패' 자체에 대한 정의는 찾기 어렵고, 다양한 독직(瀆職) 범죄의 예를 나열하고 있다. 정책목적상 정의에서는 "사적 이득을 위한 공적 혹은 사적 직위의 남용(abuse of public or private office for personal gain)"이라고 정의하고 있다. 국제투명성기구(Transparency International)는 현재 "사적 이득을 위한 위임된 권한의 남용(the abuse of entrusted power for private gain)"이라고 정의한다.

◆ 각 국제기구의 부패에 대한 정의

세계은행(World Bank)	사적 이득을 위한 **공적 지위**의 남용 (the **abuse** of public **office** for **private gain**)
경제협력개발기구(OECD)	사적 이득을 위한 **공적 혹은 사적 직위**의 남용 (**abuse** of public or private **office** for **personal gain**)
국제투명성기구(TI)	사적 이득을 위한 **위임된 권한**의 남용 (the **abuse** of entrusted **power** for **private gain**)

위 세 국제기구의 부패에 대한 정의는 각기 다르다. 하지만 모두 다음과 같은 세가지를 핵심요소로 하고 있다.

●
5 부패방지와 회사법, 천경훈, 경제법연구 제18권 2호, 2019

> ① 직위(office) 내지 권한(power)
> ② 남용(abuse)
> ③ 사익(private/personal gain)

한국은 "부패방지 및 국민권익위원회 설치와 운영에 관한 법률"(약칭 부패방지권익위법) 제2조 4항에서 부패행위를 다음과 같이 정의하고 있다.

- 공직자의 직무와 관련하여 그 지위 또는 권한을 남용하거나 법령을 위반하여 자기 또는 제삼자의 이익을 도모하는 행위
- 공공기관의 예산사용, 공공기관 재산의 취득·관리·처분 또는 공공기관을 당사자로 하는 계약의 체결 및 그 이행에 있어서 법령을 위반하여 공공기관에 대하여 재산상 손해를 가하는 행위
- 위 두 가지 행위에 대하여 손해를 강요, 권고, 제의, 유인하는 행위

ISO 37001:2016 표준에서 부패/뇌물(bribery)은 "**적용 가능한** 법률을 위반하여 특정 인원의 직무성과와 관련한 행동을 수행 또는 제약하도록 유도하거나 대가를 제공함으로써 직접 또는 간접적으로, 지역에 관계없이 어떤 가치(재무적 또는 비재무적이 될 수 있음)에 대하여 부당한 이익을 **제안, 약속, 제공 또는 요청**하는 것"이라고 정의하고 있다. 이러한 정의는 일반적인 정의이다. "부패"라는 용어의 의미는 조직에 적용 가능한(applicable) 부패방지 법률과 조직이 설계한 부패방지를 위한 경영시스템에서 정의된다.

▶ 부패의 악(惡)영향

ISO 37001의 첫 페이지에는 다음과 같은 문장이 나온다. "부패는 만연하게 퍼져있는 현상이다. 심각한 사회적, 도덕적, 경제적 및 정치적 우려를 불러일으키고, 올바른 지배구조를 훼손하고, 개발을 방해하며, 경쟁을 왜곡한다. 부패는 정의를 무너뜨리고 인권을 침해하며 빈곤을 구제하는 데 장애가 된다. 또한 비즈니스 비용의 증가, 상거래에 대한 불확실성 초래, 상품 및 서비스 비용의 증가, 제품 및 서비스의 질 하락을 유발하여 생명과 재산의 손실을 초래하고, 기관에 대한 신뢰를 파괴하며, 공정하고 효율적인 운영을 저해한다." 이 표준은 부패가 우리 사회에 미치는 악(惡) 영향을 첫 페이지부터 잘 설명하고 있다.

부패는 경제적 손실뿐만 아니라 법치주의(法治主義)의 근간을 무너뜨리고 경제적 불평등을 심화시킨다. 또한 정부와 공공기관 및 기업에 대한 신뢰를 훼손하고, 시민의 윤리의식을 악화시키는 등 사회 발전에도 큰 장애 요소로 작용한다.

▶ 부패의 유형[6]

부패는 규모, 형태, 발생영역 등에 따라 다양한 형태로 구분된다. 부

----

6 반부패 종합계획 방향에 따른 조직(기업)의 과제, 신봉기, KCCA 부패방지전략세미나, 2018.

패에 대한 여러 유형 가운데 가장 빈번하게 사용하는 분류는 **부패의 규모**에 의한 분류로 다음과 같은 두 가지로 구분된다.

대형부패 (grand corruption)	부패에 가담한 행위자들의 지위가 높고, 특히 정치인들이 가담하며 부패에 사용된 금전적 규모가 크다. **정치적 부패**와 **권력형 부패**의 대부분이 이 유형에 해당한다.
소형부패 (petite corruption)	일상적으로 빈번하게 발생하는 부패로 대부분 일선 행정에 근무하는 **중하위직 공무원이 연루**되며 부패에 사용된 금전적 규모가 작다.

　부패는 단순히 편익을 주고받는 소형부패든 정권이나 정치에 관련되거나 정경유착으로 이어지는 대형부패든 우리 사회의 유지와 발전을 저해한다. 대형부패는 검찰이나 경찰과 같은 법 집행기관의 불공정성과 편향성에서 기인한다는 점은 대부분의 국민이 인식을 같이한다. 하지만 우리 사회는 그동안 소형부패에는 관대하면서 대형부패에만 국민적 관심이 높았다. 대형부패와 소형부패는 부패의 규모에 상관없이 행위의 법적성격에 있어 모두 '부패행위'에 해당한다는 인식이 필요하다.

　부패는 그 **형태**에 따라 구분되기도 하는데, 통상적으로 다음과 같은 4가지 유형으로 분류된다.

뇌물수수 (bribery)	부패관계에서 금전적으로 **주고받는 행위**를 의미하며, 이를 위해 직위와 권한이 남용된다.
횡령 (embezzlement)	재물에 대한 집행의 책임이 있는 사람이 부정하게 재물을 **유용**하는 행위를 말한다.

편취 (fraud)	**속임수, 기만, 허위** 등이 개입된 경제적 범죄로, 공무원이 정보, 사실, 전문지식을 조작하거나 왜곡하여 사적인 이득을 취하는 행위를 말한다.
탈취 (extortion)	**강제나 물리적 위협** 등을 통해 재물을 취득하는 행위를 말한다.

위의 분류와는 별도로 부패는 **발생영역**에 따라 다음과 같이 구분하기도 한다.

공직중심 부패	공직자가 사익을 위해 **공직을 남용**하는 행위를 말한다.
공익중심 부패	공직자가 업무수행 과정에서 **공익을 위반**하는 행위를 말한다.
시장중심 부패	일반 경제주체들이 행정부의 경제정책을 입안하고 관리하는 책임을 맡고 있는 공직자들로부터 **특혜**를 받는 행위를 말한다.

최근 부패의 개념을 종래의 공직중심의 부패 개념에서 공익중심의 부패 개념으로 달리 이해해야 한다는 주장이 있다. 정부도 이 개념을 검토하고 있는 것은 긍정적인 일이다. 공익중심의 부패는 공직중심 부패를 확대한 개념이다.

부패방지를 위한
국내외 노력

▶ 국정농단 사건에 대한 대법원판결

2016년 발생한 국정농단 사건으로 한국 정치계와 경제계의 두 톱(top)
이 모두 구속되는 초유의 사태가 발생했다. 2017년 2월 삼성전자 이재
용 부회장의 구속은 우리 기업사(史)에서 기록될 사건이다. 특별검찰은
이재용 부회장에 대해 횡령과 뇌물공여 혐의로 징역 12년을 구형했고,
1심 법원은 징역 5년의 실형을 선고했다. 이재용 부회장은 약 1년간 복
역 후 2심에서 집행유예로 풀려났다.

2017년 이 부회장의 구속으로 삼성이 미국 판 김영란법인 '해외부패방
지법(FCPA)'의 적용을 받아 천문학적인 벌금과 국제적인 신뢰 하락, 영업

활동 제약 등의 후폭풍을 맞는 게 아니냐? 는 우려의 목소리가 있었다[7]. 반면 뇌물사건에 대한 공정한 처리가 오히려 국가 신인도를 상승시킬 것이라는 긍정적인 전망도 있었다.

실제로 국내 한 대기업은 2007년 미국의 중장비업체를 인수할 당시 과거 총수 일가가 배임, 횡령 등으로 처벌을 받은 일로 난항을 겪어야 했다. 결국 최고경영자가 미국 기업의 본사를 방문해 300여 명의 임직원과 직접 만나 솔직한 사과와 근본적 혁신을 약속한 후에야 인수를 매듭지을 수 있었다[8].

지난 2019년 8월 29일 대법원 전원합의체는 국정농단 상고심에서 삼성전자 이재용 부회장의 원심을 파기환송하며 사건을 서울고등법원으로 돌려보냈다. 대법원은 2018년 2월 이 부회장에게 집행유예를 선고한 원심(2심)을 파기환송하며 이 부회장이 박 전(前) 대통령과 최○○씨에게 공여한 뇌물액을 원심보다 50억여 원 이상 추가로 인정했다. 뇌물 제공 총액은 86억 8,081만 원으로 늘어났다. 또 이 부회장이 박 전 대통령과 최○○씨에게 뇌물을 건네며 '삼성그룹 승계작업'에 도움을 받기 위해 부정한 청탁을 했다고 판단했다. 법조계에선 대법원판결로 이 부회장이 파기환송심에서 다시 실형을 선고받을 가능성이 커졌다는 전망이 나온다. 대법원 양형기준상 횡령액이 50억 원을 넘어가면 특정경제범죄가중

7 윤리경영으로 가는 길, ISO 37001, 박진성, 품질경영 2017년 5월호, 2017, 29면.
8 기업부패 예방과 관리, 지속가능경영의 출발점, 서정호, 품질경영 2017년 5월호, 2017, 38면.

처벌 등에 따라 5년 이상의 형을 선고해야 해 실형 가능성이 매우 커지기 때문이다[9].

▶ 부패방지를 위한 국내의 노력

2016년 9월 28일 한국에서는 일명 김영란법으로 불리는 '부정청탁 및 금품 등 수수의 금지에 관한 법률'(이하 '청탁금지법')이 시행되었다. 청탁금지법은 공직자 등이 부정청탁 및 뇌물 등의 위험으로부터 효과적으로 대처할 수 있도록 신고와 처리 프로세스를 법에서 구체적으로 설정했다는 점이 특징이다.

청탁금지법은 공직자의 부패와 비리를 근절하기 위한 한국의 독특한 입법례이다. 부정청탁과 금품 수수행위 사이의 직무관련성이나 대가성이 인정되지 않을 때도 제재가 가능하다.

청탁금지법은 크게 **부정청탁행위와 금품 등 수수행위**를 금지(禁止)하고 있다.

---

9 이재용 집유 선고한 2심 파기환송, 중앙일보 2019년 8월 30일 자, 1면.

◆ 청탁금지법이 금지하고 있는 행위

부정청탁	금품 등 수수
- 직접 또는 제삼자를 통하여 직무를 수행하는 공직자 등(공무수행사인 포함)에게 법령을 위반하여 **14가지 대상 직무**를 처리하도록 하는 행위 - 부정청탁의 **예외사유** 별도 규정	- 1회 **100만 원**을 초과하는 금품 등 수수는 직무관련성 여부를 떠나서 항상 금지되며, 회계연도별 합계금액이 **300만 원**을 초과하는 경우도 금지됨 - 직무관련성이 인정되는 경우 금액을 불문하고 전면적으로 수수가 금지됨 - 직무관련성이 없고, 100만 원 이하인 경우 제재 대상이 아님 - 수수금지 물품 등의 **예외사유** 별도 규정

청탁금지법은 **양벌(兩罰)규정**을 두고 있는 것이 특징이다. 종업원 등이 법인·단체 또는 개인의 업무에 관하여 위반행위를 한 경우 그 행위자를 벌하는 외에 법인·단체 또는 개인에게도 벌금 또는 과태료를 부과할 수 있다. 다만 법인·단체 또는 개인이 그 위반행위를 방지하기 위하여 해당 업무에 관하여 **상당한 주의와 감독**을 게을리하지 아니한 경우에 사업주를 **면책(免責)**한다.

청탁금지법은 면책사유에 관한 정확한 판단기준을 제시하고 있지 않으나, 미국 해외부패방지법(FCPA) 가이드상의 사업주 면책사유에 비추어 판단이 가능할 것이다. 즉 부패방지 행위를 위한 명확한 정책을 수립하고 상세한 윤리규정을 마련하여 전 직원에게 전파하였는지 여부, 상시적인 직원 교육프로그램의 존재, 내부고발시스템 정비 여부, 징계절차 구비 여부, 부패방지 책임자 지정 여부 등이 면책사유에 대한 판단기준이 될 수 있다. 청탁금지법상 사업주의 상당한 주의와 감독 의무에 대한 판단기준은 **앞으로 판례를 통해 형성**될 것으로 보인다.

참고로 다른 법령상의 양벌규정 관련 판례를 살펴보면 상당한 주의와 감독 의무를 다하였는지 여부를 위반행위와 관련된 모든 사정을 종합하여 판단해야 한다고 판시하고 있다[10]. 종업원에게 교육을 하고 각서를 받는 등 일반적이고 추상적인 감독을 하는 것만으로 면책사유에 해당하지 않을 가능성이 있다. (대법원 92도1395판결)

◆ 상당한 주의와 감독 의무에 대한 대법원 판단기준

> 구체적인 사안에서 법인이 상당한 주의 또는 관리감독 의무를 게을리하였는지 여부는 당해 위반행위와 관련된 **모든 사정**, 즉 당해 법률의 입법 취지, 처벌조항 위반으로 예상되는 법익 침해의 정도, 그 위반행위에 관하여 양벌규정을 마련한 취지 등은 물론 위반행위의 구체적인 모습과 그로 인하여 실제 야기된 피해 또는 결과의 정도, 법인의 영업규모 및 행위자에 대한 감독 가능성 또는 구체적인 지위, 감독관계, 법인이 위법행위 방지를 위하여 실제로 행한 조치 등을 **전체적으로 종합하여 판단해야 한다.**
> (대법원 2010.9.9 선고 2008도7843판결)

과거 사례를 통해 볼 때 법인에 요구되는 주의의무의 정도는 매우 높다. 따라서 적절한 정책과 내부관리시스템을 확립하고, 위반행위에 대해 지속해서 모니터링을 하는 것이 필요하다. 결국 부패방지와 부패방지 관련 법규준수를 기업 및 기관이 효과적으로 운영하는 경우에는 상당한 주의와 감독 의무의 이행 여부 판단에 하나의 고려사항이 될 수

---

10 ISO 37001(2016) 부패방지경영시스템 가이드북, 국민권익위원회, 2017

있을 것이다.

살펴본 바와 같이 청탁금지법에는 '양벌규정'과 '면책규정'이 있다. 아직 **'상당한 주의와 감독을 게을리하지 아니한 경우'가 어떤 경우인지? 에 대한 기준은 명확하지 않다.** 그런데 영국 뇌물방지법(Bribery Act 2010) 제7조(Section7)에는 조직이 부패예방을 위해 **'적절한 절차 (adequate procedure)'**를 시행하고 있음을 입증하면 면책할 수 있다는 내용이 포함되어 있다. 따라서 기업이나 조직이 **ISO 37001(부패방지경영시스템) 인증을 취득하였을 때 부정부패 등과 관련된 이슈에는 어느 정도 대응력을 갖출 수 있음을 짐작할 수 있다**[11].

국민권익위원회는 2016년 12월 기업이 부패방지를 위한 제도와 문화를 자율적으로 구축, 실천할 수 있도록 '기업반부패가이드'를 발간하였다. 체계적이고 효율적인 반부패 활동을 하기 위해서는 '계획-실행-평가-환류'의 경영시스템 일반에 기초한 추진단계별 전략이 필요하다. 이에 따라 **'기업반부패가이드'**에서는 '계획 수립-규범 마련-실행-협력-평가와 개선'의 5가지 단계별로 구체적인 지침을 제시하고 있어 부패예방에 노력하는 기업들에 좋은 참고가 되고 있다. 그러나 이 가이드 역시 세부적으로 살펴보면 **부패방지경영시스템(ABMS)으로 귀결**되는 듯하다.

11 기업 가치의 척도로 부상한 윤리 그리고 청렴도, 임경화, 품질경영, 2017년 5월호, 43면.

▶ 부패방지를 위한 국외의 노력

국가 간 교류의 확대를 불러온 세계화와 더불어 부패문제는 더는 개별국가에 한정하지 않고, 국가의 경계를 넘어선 세계적인 관심사가 되었다. 이로 인하여 국제기구와 비영리 국제조직을 포함한 국제 사회도 부패를 방지하기 위한 다양한 노력을 기울이고 있다. 이러한 노력의 출발점으로 회원국들을 대상으로 반부패에 관한 협약의 체결을 강조하고 있다. 이 중 대표적인 것이 OECD의 "국제 상거래에 있어 외국공무원에 대한 뇌물수수 금지에 관한 OECD협약"과 UN의 "UN반부패협약"이다.

OECD협약은 1997년에 채택되어 1999년에 발효되었다. 이 협약은 OECD 회원국들이 회원국의 기업이 해외에서 기업 활동을 하는 중에 해외 공무원에게 뇌물을 포함한 어떠한 형태의 금전적 또는 비금전적 혜택을 제공하는 것을 금지하고 있다. 이를 위반할 경우 회원국의 국내법에 의해 처벌해야 한다는 내용을 담고 있다. 한국도 1997년 뇌물방지협약에 가입하였고, 협약의 취지에 따라 해외에서의 외국공무원에 대한 뇌물제공 행위를 처벌하는 **'국제상거래에 있어서 외국공무원에 대한 뇌물방지법'**을 1998년 12월 28일 제정하였다.

UN반부패협약은 UN이 2000년 12월 결의하고, 2003년 10월에 채택하여 2005년 12월에 발효되었다. 이 협약은 아래와 같은 행위를 부패로 규정하고, 협약 비준국가들로 하여금 최소한 이러한 행위를 불법화해야 한다는 점을 강조하고 있다.

- 공무원의 뇌물수수, 공금횡령, 공정 영향력의 부당한 거래, 권한의 오남용,
  부정한 재산증식, 공직과 관련된 사적 영역에서의 뇌물수수 및 횡령, 자금
  세탁, 공무집행방해

그 외 세계무역기구(WTO)와 국제상업회의소(ICC) 등 여러 국제기구
에서도 부패방지라운드 추진을 통해 '반부패'를 글로벌 스탠더드(Global
Standard)로 인정하고 이를 위한 공동의 노력을 기울이고 있다.

미국은 1977년 **해외부패방지법(Foreign Corrupt Practice Act, 이하
FCPA)**을 제정하였다. FCPA는 통일된 윤리 및 컴플라이언스 프로그램을
구축하여 정부 및 산하기관, 기업, 각급 학교, 단체 등에 적용하고 있는
것이 큰 특징이다. 미국의 경우 기업이 평소 얼마나 효과적인 부패방지
컴플라이언스 프로그램(effective anti-corruption compliance program)을
수립하여 운영하고 있는지가 기소 여부의 결정과 양형을 결정하는 데
있어 가장 중요한 사유 중 하나이다.

2011년 7월부터 시행되고 있는 영국 **뇌물방지법(Bribery Act)**은 미국
FCPA와 더불어 **세계적으로 매우 강력한 부패방지법**으로 평가받고 있
다. 이 법에는 내부 직원의 위법행위에 대해 충분한 예방 노력을 기울이
지 않은 경우에 해당 기업까지도 처벌할 수 있도록 하는 양벌규정이 포

함되어 있다. 그리고 기업이 준수해야 할 구체적인 행위 기준에 대한 가이드라인으로서 **BS 10500**을 제시하고 있다. 영국 뇌물방지법의 실제 적용 사례는 그동안 많지 않았으나, 최근 에어버스(Airbus SE) 사건과 같은 집행 사례가 나타나고 있다. 에어버스는 2020년 1월 영국 중대비리조사국(Serious Fraud Office: SFO)와 약 10억 불의 벌금에 합의했다.

글로벌 부패방지 규제인 미국 FCPA, 영국 Bribery Act, OECD 뇌물방지협약 등은 국내법은 아니지만, 해외에서 영업활동을 하는 국내기업뿐 아니라 해외에서 전혀 영업활동을 하지 않는 국내기업에도 영향을 미칠 수 있다. 결국 미국 FCPA 등 글로벌 부패방지 규제는 국내 모든 기업에 영향을 미치는 강력한 규제라고 할 수 있다. 그동안 국내 진출한 외국계 기업(SSI KOREA)이나 외국계 기업과 합작한 기업(IBM KOREA)이 FCPA 위반으로 처벌받은 사례는 있었으나, 순수한 국내 대기업이 FCPA 위반 등으로 형사처벌을 받거나 막대한 벌금을 부과받은 사례는 없었다.

하지만 2019년 11월 미국 법무부(DOJ)는 한국 삼성중공업이 해외 뇌물 사건 해결을 위해 7천 500만 달러(약 890억 원) 벌금에 합의했다는 내용을 발표했다. 삼성중공업은 벌금을 내는 조건으로 기소유예를 받았다. 합의한 벌금 반(50%)은 미국 정부에, 나머지 반(50%)은 브라질 정부에 지급하기로 약속했다. 미국 FCPA 전문 사이트 'FCPA Blog'가 2020년 2월 집계한 미국 해외부패방지법(FCPA) 위반 고액벌금 순위 Top 10

을 보면 미국회사는 케이비알(KBR) / 할리버튼(Halliburton) 하나밖에 없다. 이제 FCPA 위반으로 미국 정부에 고액의 벌금을 내는 기업들은 대부분 외국 기업이다. 다행히 우리나라 기업은 10위권 안에는 없지만, 삼성중공업은 7천 500만 달러 벌금 합의로 39위에 랭크되었다. 한국 기업도 미국 정부의 감시대상이 된 것이 분명해 보인다.

예전에는 FCPA 위반 사건을 강 건너 불구경하듯 보았다. 이제는 남의 일이 아니다. 미국 FCPA는 광범위한 역외(域外) 관할권을 행사하면서, 외국 기업의 국외 부패행위에 대해 자국의 법률을 집행하고 있다. 이러한 법 집행을 통해 해외사업 경쟁에 있어 미국 기업의 이익을 보호하고, 외국기업으로부터 법 위반에 대한 벌금 형태로 재원을 확보하고 있다. 미국 우선주의(America First)를 표방하는 현 미국 트럼프 행정부의 보호주의적 성향을 볼 때, 한국기업을 포함한 비(非) 미국기업에 대한 FCPA 집행 가능성은 어느 때보다도 높아졌다.

이제 한국 기업이 미국이나 제3국에서 비즈니스를 할 때 한국 기업이 외국 공무원에게 뇌물을 제공한다면 미국 FCPA의 적용을 받을 수 있다는 것을 항상 염두에 두어야 한다. 무엇보다도 FCPA 등 글로벌 부패방지법에 대해 철처하게 숙지할 필요가 있다.

◆ 부패방지에 대한 규제 강화 동향

해외 동향	국내 동향
1977년 미국 FCPA 제정 **2000년** UN 부패방지협약 **2006년** OECD 뇌물방지협약 **2010년** ISO 26000 제정 **2011년** 영국 Bribery Act 제정 / BS 10500 제정 **2015년** ISO 19600 제정 **2016년** ISO 37001 제정	**1998년** 국제뇌물방지법 제정 **2001년** 부패방지법 제정 **2002년** 부패방지위원회 출범 **2008년** 국민권익위원회 출범 **2014년** 국제뇌물방지법 일부 개정 (급행료 면책규정 삭제) **2016년** 청탁금지법 시행 **2017년** KS A ISO 37001 제정 **2018년** K-Sunshine Act 시행 **2018년** 국제뇌물방지법 일부 개정 (제3자 뇌물교부/취득 처벌규정 신설)

영국 뇌물방지법(UKBA)의 Adequate procedure(적절한 절차)와 미국 해외부패방지법(FCPA)의 Effective compliance program(효과적인 컴플라이언스 프로그램) 그리고 ISO 37001의 Requirements(요구사항)의 핵심적인 요소들을 비교하면 다음과 같다.

◆ USBA / FCPA / ISO37001 비교표

UK Bribery Act Guidance Six Principles(6대 원칙)	US FCPA Rescources Guide Ten Hallmarks (10대 특징)	ISO 37001 Requirements (요구사항)
Top-level commitmen (최고경영진의 결단 및 실천)	Commitment from senior management and a clearly articulated policy against corruption (반부패에 대한 최고경영진의 명확한 의지와 정책 확립)	5.1 leadership and commitment (리더십과 의지표명)
Proportionate procedures (위험도에 비례하는 절차)	Code of conduct and compliance policies and procedures (윤리강령 및 컴플라이언스 방침과 절차)	4.4 Aniti-bribery management system (부패방지를 위한 경영시스템) "reasonable and proportionate (합리적이고 비례적)"
Risk assessment (위험도 평가)	Risk assessment (위험평가)	4.5 Bribery risk assessment (부패리스크 평가)
Communication including training (훈련을 포함한 의사소통)	Training and continuing advice Incentive and disciplinary measures (회사내 지속적 전파 및 교육)	7.4 Communication (의사소통)
Due Diligence (선관주의 의무)	Third party due diligence Merger and acquisition, pre-acquisition and post-acquisition integration (제3자 실사, 인수 및 합병, 인수전, 인수후 통합)	8.2 Due diligence (실사)

| Monitoring and Review (감독과 심사) | Confidenttial reporting and Internal investigations Continuos improvement: periodic testing and review (핫라인 및 내부조사, 지속적인 개선) | 9.1 Monitoring, measurement, analysis and evaluation (모니터링, 측정, 분석 및 평가) 9.2 Internal audit (내부심사) 9.3 Management review (경영검토) |

이 표를 통해 영국과 미국의 부패방지법과 ISO 37001 국제표준의 핵심요소가 비슷하다는 것을 발견할 수 있다.

▶ 부패방지법의 국제화에 따른 이중처벌 리스크

전술한 바와 같이 1997년 OECD 뇌물방지협약체결에 따라, OECD 회원국들은 외국공무원에 대한 뇌물 제공을 금지하는 법을 제정하였다. 한국도 OECD 협약에 따라 '국제상거래에 있어서 외국공무원에 대한 뇌물방지법'이 제정되어 시행되고 있다.

따라서 한국기업이 미국에서 해외부패방지법(FCPA) 위반으로 처벌을 받은 경우에도 본국법인 한국의 뇌물방지법이나 형법으로 한국에서 다시 처벌받을 수 있다. 부패방지법의 국제화에 따른 **이중처벌(double penalty)**의 가능성이 커지고 있기 때문에, 기업은 **해외활동과 관련한 부패리스크에 대하여 국제적 시각에서 대응할 필요**가 있다.

▶ 부패 관련 국제규격 제정 현황

기업 윤리경영에 관한 국제표준으로 ISO 26000이 있으며, 2016년 10월에는 국제표준화기구 ISO에서 영국의 BS 10500을 토대로 부패방지경영시스템 국제표준인 ISO 37001을 마련하였다.

2011년 영국표준화기구(BSI)는 Bribery Act에 따른 후속조치로 뇌물방지경영시스템 BS 10500을 제정하였다. **BS 10500**은 뇌물방지를 위해 갖추어야 할 경영시스템 요건들을 규정한 영국 국가표준(British Standard)의 가이드라인이다. BS 10500의 공식 명칭은 'Specification for an anti-bribery management system'이며 영국 국가표준기관이자 ISO의 창립 간사기관인 영국표준화기구(British Standard Institution: BSI)가 제정하였다.

BS 10500의 제정 배경에는 **Bribery Act와 이행지침의 적용을 받게 된 영국 기업들과 비즈니스 조직들의 요구가 중요하게 작용**했다. Bribery Act의 시행과 이행지침의 공표 이후 많은 기업과 비즈니스 조직들은 뇌물 예방의 실행력과 구체성을 인정받을 수 있는 경영시스템의 세부 요건을 보다 구체적으로 요구했다. 이에 대해 BSI는 기업과 이해관계자들의 증가하는 수요를 반영하여 뇌물방지경영시스템의 영국 국가표준인 BSI 10500을 제정하게 된 것이다.

BSI 10500의 제정은 Bribery Act와 이행지침에서 제시한 **적절한 절차(adequate procedure)** 및 **5가지 이행원칙**을 조직 차원에서 구체적으로 실행할 수 있게 제시하고 있고, 누구나 인정할 수 있는 경영시스템 표준을 제시하였다는 점에서 의미가 있다.

ISO 37001은 BSI가 제정한 **BS 10500을 기초**로 하고 있다. BS 10500은 2010년 제정된 영국 뇌물방지법 Bribery Act 제7조(영리단체의 뇌물예방 불이행)의 양벌규정의 면책조항이 제정의 근간이 되었다. 영국 뇌물방지법의 양벌규정에는 기업의 직원, 대리인, 자회사, 협력사 및 에이전트 등 자사의 '관련자(persons associated with a commercial organization)'가 타인에게 뇌물을 제공한 경우에도 기업이 뇌물 제공을 예방하기 위한 '적절한 절차(adequate procedure)'를 수립, 실행했다는 사실을 입증할 수 있다면 법적 책임을 면제한다는 면책조항이 있다.

이 조항은 **한국 청탁금지법에도 영향을 미쳐** 기업이 상당한 주의와 감독을 게을리하지 아니한 경우 처벌을 면제한다는 단서조항을 삽입하게 되었다[12].

---

12 윤리경영으로 가는 길, ISO 37001, 박진성, 품질경영 2017년 5월호, 2017, 30면

◆ 국제기구의 부패 관련 국제규격 제정 현황

제정연도	국제규격	내용
2010년	ISO 26000	기업의 사회적 책임에 관한 국제표준(환경, 인권, 노동, 지배구조, 공정한 업무관행, 소비자이슈, 지역사회 참여 **7개 분야**에 대한 지침)
2011년	BS 10500	기업이 준수하여야 할 구체적인 행위 기준에 대한 가이드라인/**영국의 뇌물방지법(Bribery Act)과 이행지침이 직접적인 동인**
2016년	ISO 37001	국제기구 등이 제정한 부패 관련 협약 등이 국가별로 이행되는 것을 지원하기 위해 **BS 10500에 기초**하여 관련된 국제표준을 제정함

▶ 부패를 어떻게 방지할 것인가?

우리 기업과 공공기관들도 오랫동안 부패방지에 큰 노력을 기울여 왔다. 하지만 그런 노력에도 불구하고 부패는 끊임없이 발생하고 있고 기업 경영에 부정적인 영향을 끼치고 있다. 이러한 상황에서 우리 기업들이 더는 **사람에 의한 부패방지 경영을 이끌어 나가는 데는 한계**가 있다. 조직원들의 의지와 판단이 개입할 경우 객관성을 잃고 부패를 막지 못하기 때문이다.

기업이 조직 차원에서 사람의 의지와 주관적 판단을 배제하고, **투명하고 객관적인 판단에 따라 경영을 지원하는 부패방지경영시스템이 필요하다**[13]. 이제 부패는 사람이 아닌 시스템으로 방지해야 한다. 이러한 시스템적 접근(systematic approach)을 위해 ISO 37001 표준은 **매우 유용한 도구**(tool)가 될 것이다.

13 '반부패 경영'의 제1조건은 객관성 확보, 한국경제 2017년 8월 18일 자, B7면

제2장

ISO와
경영시스템 표준

ISO란?

▶ ISO 개요[14]

ISO는 International Organization for Standardization(국제표준화기구)이다. 1947년 설립된 비정부기구(NGO)로 스위스 제네바에 본부를 두고 있다. ISO가 제정한 표준은 2020년 3월 2일 기준으로 **23,056개**이다. ISO 표준의 성격은 국제표준(International Standard)으로, 국제적으로 합의한 합법적 수단(tool)이다. 기업의 규모나 성격에 상관없이 모든 조직이 운영할 수 있도록 개발되었다.

●
14 국가기술표준원 website(www.kats.go.kr) 참조

ISO의 설립 목적은 상품 및 서비스의 국제적 교환을 촉진하고, 지적, 과학적, 기술적, 경제적 활동 분야에서의 협력 증진을 위하여 세계의 표준화 및 관련 활동의 발전을 촉진하는 데 있다.

ISO의 회원은 정회원, 준회원 및 간행물 구독회원으로 구분된다. 정회원은 각국의 표준화 분야에서 가장 널리 대표적인 국가표준기관으로서, ISO 절차규정에 의거 ISO 입회가 허용된 국가표준기관이다. ISO 회원가입 현황은 2020년 3월 2일 기준으로 총 **164개국**이 가입하여 활동하고 있다. 한국은 1963년 상공부 표준국이 한국을 대표하여 ISO Member body에 최초로 가입했다. 1973년 상공부 표준국이 독립하여 공업진흥청으로 변경되었다. 1996년 이후로는 현재 **국가기술표준원 (KATS)**이 정회원으로 활동하고 있다.

ISO의 재원은 회원기관의 분담금 및 기여금과 간행물 판매로 마련된다. ISO의 2016년도 예산 규모는 **약 453억 원**으로 243억 원 정도가 회원국 분담금이고, 나머지가 표준 및 간행물 판매 수익으로 충당된다.

ISO의 공식 언어는 영어, 불어, 러시아어이다. 정회원 기관은 자신의 책임하에 ISO가 발간한 출판물 등을 다른 언어로 번역할 수 있다.

ISO의 지배구조(Governance Structure)는 다음과 같다.

◆ ISO Governance Structure

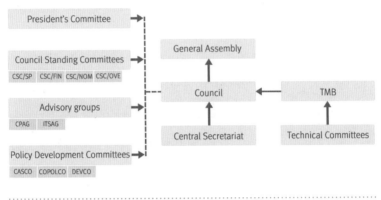

출처: ISO website

▶ ISO 표준 제정 절차

ISO 표준 제정 절차는 일반적으로 제안부터 발행까지 6단계로 구성
되며, ISO/IEC 기술작업지침서를 준수한다. 신규표준 제안은 ISO 국가
회원기관, TC/SC 간사기관, 연계기관, 기술관리이사회, 자문그룹, ISO
사무총장에 의해 이루어질 수 있다. 작업 안은 해당 기술위원회 정회원
들에게 회부되어 투표를 거치게 된다.

◆ ISO 표준 제정 절차

프로젝트 단계	관련문서	
	명칭	약어
예비단계	예비 업무 항목	PWI
제안단계	신규 업무 항목 제안	NP

준비단계	작업 초안	WD
위원회단계	위원회 초안	CD
질의단계	질의 안 (국제표준안)	DIS
승인단계	최종 국제표준안	FDIS
출판단계	국제표준	ISO

주) FDIS의 승인 이후에 표준이 발행되며, 매 5년마다 "체계적인 검토"가 이루어진다.

▶ 적합성 평가

적합성 평가란 제품, 절차, 시스템, 요원 및 기관이 **규정된 요건을 만족시키고 있음을 입증**해주는 활동을 말한다. 적합성 평가기관에는 시험기관, 교정기관, 검사기관, 표준물질생산기관, 제품인증기관, 요원인증기관 등이 있다.

국내 적합성 평가기관은 KOLAS, KAS, KAB가 있다. 국내 적합성평가 체계는 다음과 같다.

◆ 적합성평가 체계

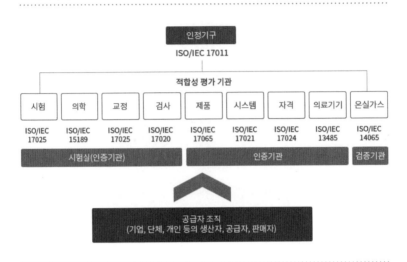

출처: 최금호 (2013), 국제무역의 평가인증 핸드북

경영시스템
표준이란?

▶ '경영시스템'이란?

이 장에서 다루고 있는 경영시스템 표준인 ISO 37001을 설명하기 전에 '경영시스템'에 대해 알아볼 필요가 있다.

ISO 용어로 '경영시스템(Management System)'은 조직이 **목적을 달성하기 위해 따라야 하는 일련의 절차**를 설명한다. 경영시스템에 대한 모범사례(best practices)에서 도출된 표준을 따르는 것은 자원의 효율적인 사용, 리스크 관리의 개선, 조직 전체의 일관성을 포함하여 여러 가지 이점을 가질 수 있다.

ISO 표준에서 '경영시스템'이란 **방침과 목표를 수립하고 그 목표를 달성하기 위한 프로세스를 수립하기 위한, 상호 관련되는 또는 상호작용하는 조직 요소의 집합**을 말한다. 경영시스템은 단일 분야 또는 복수 분야를 다룰 수 있으며, 시스템의 요소에 조직의 구조, 역할, 책임, 계획수립, 운영 등을 포함한다. 그리고 경영시스템의 범위에 조직 전체, 조직의 특수하거나 특정 기능들, 조직의 특수하거나 특정 분야 등이 포함된다.

▶ 경영시스템 표준이란?

경영시스템 표준(Management System Standard: MSS)은 경영, 리더십, 전략, 프로세스 및 관행에 전문성을 가진 국제 전문가의 합의의 결과물이다. 경영시스템 표준(MSS)은 크고 작은 모든 조직이 활용할 수 있다. 경영시스템 표준(MSS)는 **필요한 것을 조직에 알려주지만, 요구사항을 충족시키는 방법은 다루지 않는다.** 요구사항을 충족하는 방법은 조직이 정하여 운영하여야 한다.

ISO 37001은 다른 ISO 경영시스템 표준(MSS)의 형식을 따른다. 우선 경영시스템 표준(MSS)의 역사부터 간단히 살펴보자.

1987년 **ISO 9001** 국제표준의 제정은 전 세계적으로 커다란 반향을 일으켰다. '경영'에 관련된 국제표준이 처음 등장했기 때문이다. 당시에는 국제표준이 제품, 시험방법, 용어 등에 국한되어 있었다. 품질시스템

(quality system)을 키워드로 하는 경영관리 방법에 대한 국제표준은 처음이었다. 이런 **세계 최초의 경영시스템 표준**인 ISO 9001이 1987년에 발행되었을 때, ISO 9001이 전 세계 모든 산업 분야에 걸친 60개 이상의 경영시스템 표준(MSS) 개발을 끌어낼 것이라고 상상하기 어려웠을 것이다.

품질을 주제로 한 ISO 9001 국제표준의 등장 이후 9년이 지난 1996년에 환경을 주제로 한 **ISO 14001** 국제표준이 제정되었다. ISO 9001시스템을 구축하고 운영하는 기업에서는 ISO 14001시스템에도 관심을 가지게 되었다. 하지만 두 개의 시스템을 적용하려는 조직에서는 혼란이 생겼다. ISO 9001을 구축한 기업이 ISO 14001을 구축할 때 가장 먼저 마주치는 문제가 **경영시스템의 통합**(integration)이었다.

ISO 9001과 ISO 14001 제정 이후 21세기에 들어서면서 경영시스템 표준(MSS)이 급격히 증가하기 시작했다. 지금까지 제정된 경영시스템 표준(MSS)을 유형별로 구분해보면 품질, 환경, 식품안전 등의 **'주제별 표준'**과 **'업종별 적용 지침 표준'**, 업종별 단체나 분야별 전문기관에서 해당 업종에 특화된 요구사항을 추가한 **'파생표준'**이 있다.

이처럼 수많은 경영시스템 국제표준이 있으며, 계속해서 제정되고 있다. 이러한 상황에서 경영시스템 국제표준의 구조가 각기 다르면 이들 표준을 적용하거나 활용하려는 조직에서는 혼란스러울 수밖에 없다. 이런 혼란을 방지하기 위해 경영시스템 표준(MSS)의 기본 구조를 표준화하려는 의도로 HLS(High Level Structure)를 개발했다. 결국 **경영시스템 표준**을 표준화(標準化)한 것이다.

▶ 경영시스템 표준(MSS)의 유형

경영시스템 표준에는 ISO 9001, ISO 14001과 같이 경영시스템에 대한 요구사항을 정한 표준이 있고, 이러한 요구사항을 해석하거나 실행하기 위한 지침을 제시하는 가이드라인 표준이 있으며, 이들 표준과 관련된 용어, 기법, 세부사항에 대한 참고사항을 제공하는 표준이 있다.

ISO Guide 72에서는 경영시스템 표준을 3가지 유형으로 구분하고 있다[15].

◆ 경영시스템 표준 3가지 유형

Type A (유형 A)	Management system **requirements** standard (경영시스템 **요구사항** 표준)
Type B (유형 B)	Management system **guidelines** standard (경영시스템 **가이드라인** 표준)
Type C (유형 C)	Management system **related** standard (경영시스템 **관련** 표준)

15 ISO 경영시스템의 뉴 패러다임 HLS, 홍종인/박지혁, 한국표준협회미디어, 2015, 19면~28면.

▶ ISO의 경영시스템 표준(MSS) 발행 현황

ISO 홈페이지에 게재된 ISO 경영시스템 표준 리스트(MSS List)에 따르면, **2019년 8월 7일 기준**으로 발행된(published) **경영시스템 표준(MSS)**는 총 **67건**이다. 이 표준 중에서 HLS를 채택하고 있는 경영시스템 표준(MSS)는 총 **34건**이다.

ISO의 인기 있는(popular) 경영시스템 표준에는 품질경영시스템(Quality Management System: QMS)와 환경경영시스템(Environmental Management System: EMS), 안전보건경영시스템(Occupational health and safety Management System: OH&S MS) 등이 있다. 이미 세계 각국의 100만 개 이상의 조직이 품질경영에 관한 ISO 9001을 사용하고 있으며, 30만 개 이상의 조직 환경경영에 관한 ISO 14001을 채택하고 있다.

ISO가 2018년 8월 발간한 자료를 보면 2017년 각 경영시스템 표준의 인증을 취득한 기업의 현황을 알 수 있다. 2017년 ISO 9001 인증을 취득한 조직은 1,058,504개이고, ISO 14001 인증을 취득한 조직은 362,610개이다.

◆ 2017년 각 경영시스템 표준의 인증을 취득한 기업의 현황

규격	2016년 인증 수	2017년 인증 수	변동	변동율
ISO 9001	1,105,937	1,058,504	-47,433	-4%
ISO 14001	346,147	362,610	16,463	5%
ISO 50001	20,216	21,501	1,258	6%
ISO 27001	33,290	39,501	6,211	19%
ISO 22000	32,139	32,722	583	2%
ISO 13485	29,585	31,520	1,935	7%
ISO 22301	3,853	4,281	428	11%
ISO 20000-1	4,537	5,005	468	10%
ISO 28000	356	494	138	39%
ISO 39001	478	620	142	30%
계	1,576,538	1,556,758	-19,780	-1%

출처: THE ISO SURVEY OF MANAGEMENT SYSTEM STANDARD CERTIFICATIONS
- 2017 - EXPLANATORY NOTE

ISO가 2019년 9월 발간한 자료를 보면 2018년 ISO 37001 유효한 인증은 총 389개이며, 사업장(site)수는 총 1,541개이다. 2018년의 전체 유효한 인증 수는 2017년보다 적다. 여러 가지 이유로 ISO는 과거 결과 없이 2018년 현황만 발행하기로 결정했다.

2018년 ISO 37001 유효한 인증 389개의 국가별 취득현황은 다음과 같다. ISO 37001의 제정연도가 2016년인 점을 감안하면 2018년도의 인증 취득 수는 상당히 고무적이다. 이탈리아의 취득이 가장 많으며

◆ 2018년 각 경영시스템 표준의 인증을 취득한 기업의 현황

규격	유효 인증 수	사업장 수
ISO 9001:2015	878,664	1,180,965
ISO 14001:2015	307,059	447,547
ISO IEC 27001:2013	31,910	59,934
ISO 22000:2015&2018	32,120	36,105
ISO 45001:2018	11,952	14,607
ISO 13485:2003&2016	19,472	24,123
ISO 50001:2011	18,059	46,770
ISO 20000-1:2011	5,308	7,225
ISO 22301:2012	1,506	5,282
ISO 28000:2007	617	666
ISO 39001:2012	547	1,422
ISO 37001:2016	389	1,541

출처: THE ISO SURVEY OF MANAGEMENT SYSTEM STANDARD CERTIFICATIONS
- 2018 - EXPLANATORY NOTE

(35.9%), 그다음이 한국(15.4%)이다. 이탈리아와 한국의 ISO 37001 취득 건수가 다른 국가들에 비해 월등히 많은 것은 주목할 만하다.

◆ 2018년 ISO 37001 국가별 취득현황(Top 10)

이탈리아	한국	멕시코	스페인	영국
140	60	26	25	17
그리스	말레이시아	브라질	루마니아	폴란드
16	15	12	10	6

출처: ISO website

국가별 취득현황과 별도로 2018년 ISO 37001 업종별 취득현황을 살펴보면 다음과 같다. 국내뿐만 아니라 세계적으로도 제약업계의 ISO 37001 인증 취득이 가장 활발한 것을 알수 있다. 그 다음으로 인증 취득이 활발한 분야는 공공기관이다.

◆ 2018년 ISO 37001 업종별 취득현황 (Top 10)

제약	공공기관	도소매, 자동차 수리	엔지니어링	금융중개, 부동산
14	12	11	9	8
교통,물류	IT	기계,설비	광물	교육
7	6	4	3	2

출처 : ISO website
주) ISO SURVEY 인증 취득 현황에서 업계(sector)가 확인되지 않은 분야는 208건이다.

중요한 경영시스템 표준을 정리하면 다음 페이지 그림과 같다.

▶ 경영시스템 인증이란?

경영시스템 인증이란 특정 제품, 공정 또는 서비스를 제공하는 공급자(기업, 단체 등)의 경영시스템이 국제규격에 따라 적합하게 수립되고 이행되고 있는지를 심사하여 **적합 여부**를 판정하는 인증제도를 말한다. 제삼자 인증기관이 객관적으로 평가하여 적합성을 인증하게 된다.

◆ 경영시스템표준(MSS)의 종류

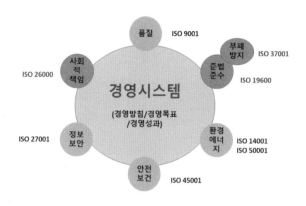

출처: 한국경영인증원 '반부패/준법경영시스템 인증 세미나' 자료, 2017

제품 인증과 경영시스템 인증의 의미를 구분하면 다음과 같다.

◆ ISO 인증의 종류

제품 인증	경영시스템 인증
특정 제품(제품, 공정 또는 서비스)이 원래의 규격에 맞도록 제조되었는지 여부를 평가하여 **적합 여부**를 판정해 주는 인증 제도	특정 제품, 공정 또는 서비스를 제공하는 공급자(기업, 단체 등)의 경영시스템이 국제규격에 따라 적합하게 수립되고 이행되고 있는지를 심사하여 **적합 여부**를 판정하는 인증제도

경영시스템의
새로운 패러다임 HLS

▶ **경영시스템 표준의 상위수준 구조-HLS란?**

경영시스템의 구조를 표준화하는 방법으로 **개별 표준보다 상위(上位)
의 개념에서 공통되는 내용을 정한 것**이 HLS(High Level Structure)이다.
따라서 HLS는 국제표준화기구에서 제시하는 '경영시스템 국제표준의
기본 틀(framework)'이라고 정의할 수 있다.

HLS는 네덜란드에서 제안한 이른바 'Flower Model'이 발전하여 ISO
Guide 72가 제정되고, ISO Guide 83으로 변경되었다가 국제표준 기술
작업지침서(ISO/IEC Directives, Part 1)에 포함되면서 확장된 것이다.

ISO에서 발행되는 모든 경영시스템 표준(MSS)은 HLS에 따라 다음의
세 가지 사항이 통일된다[16].

① **동일조항 구조**(identical structure) : 조항의 순서와 명칭 일치
② **동일 핵심 본문**(identical core text)
③ **공통 용어 및 정의**(common terms and definitions)

HLS는 집으로 비유하면 이해가 쉽다. **집의 골격**이 표준화되어 있다
면 집 외양이나 인테리어를 달리해도 다양한 용도와 취향에 맞는 집을
지을 수 있다. 어느 경우라도 집의 골격이 같다면 상황에 따라 부수적
인 부분만 바뀔 뿐, 내부 살림을 바꿔야 할 필요가 없을 것이다. 건축주
로서는 건축비가 절감되는 효과를 가져올 수 있다.

◆ HLS의 기본구조

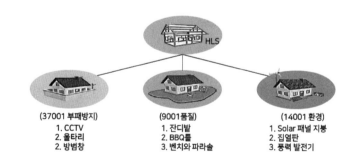

(37001 부패방지)	(9001 품질)	(14001 환경)
1. CCTV	1. 잔디밭	1. Solar 패널 지붕
2. 울타리	2. BBQ틀	2. 집열판
2. 방범창	3. 벤치와 파라솔	3. 풍력 발전기

출처: ISO 경영시스템의 뉴 패러다임 HLS, 홍종인/박지혁, 한국표준협회미디어,
2015, 24면 <그림 1-4> HLS 기본구조

---

16 홍종인·박지혁, **ISO 경영시스템의 뉴 패러다임 HLS**, 한국표준협회미디어(2015), 16면~18면.

▶ 왜 HLS를 이해하여야 하는가?

이미 몇몇 경영시스템 표준(MSS)은 HLS에 따라 개정되었다. HLS를 따르지 않는 표준들은 앞으로 개정될 예정이다. 앞으로 제정되는 경영시스템 표준은 예외 없이 HLS를 따르게 될 것이다. 그런 의미에서 경영시스템 기본 구조의 내용을 이해하는 것은 매우 의미가 있다.

HLS는 국제표준화기구의 기술작업지침서에 포함되어 있다. 구체적으로 말하면 **ISO/IEC Directives Part 1**, Consolidated ISO Supplement-Procedures specific to ISO'의 부속서(Annex SL Appendix 2)에 들어 있다. HLS의 내용은 Annex SL Appendix 2의 본문 목차를 보면 알 수 있다[17].

◆ HLS 목차

01. 적용범위	Scope
02. 인용표준	Normative references
03. 용어와 정의	Terms and definitions
04. 조직의 상황	Context of organization
05. 리더십	Leadership
06. 기획	Planning
07. 지원	Support
08. 운영	Operation
09. 성과평가	Performance evaluation
10. 개선	Improvement

●

17 *Ibid*. 39면~40면.

모든 경영시스템 표준(MSS)의 주요 조항 및 명칭은 HLS에 따라 통일된다.

ISO 9001과 ISO 37001을 비교하면, 아래 표와 같이 각 표준이 특정 요구사항을 규정하면서도, HLS에 따라 동일한 핵심 내용과 공통적인 용어 및 정의를 가진다.

ISO 9001 특정 요구사항	Annex SL (HLS) **동일한 핵심 내용** **공통적인 용어 및 정의**	ISO 37001 특정 요구사항

출처: 기술사인증원, ISO 37001 부패방지경영시스템 구축 공개세미나 자료, 2017

ISO 37001은 ISO 경영시스템 표준(MSS)의 요구사항과 일치한다. 이러한 요구사항에는 여러 ISO 경영시스템 표준을 실행하는 사용자에게 이점을 주기 위해 고안된 HLS, 동일한 핵심 문구 및 핵심 정의가 있는 공통 용어가 포함된다. 이 표준은 다른 경영시스템 표준(예: ISO 9001, ISO 14001, ISO/IEC 27001, ISO 19600) 및 경영표준(예: ISO 26000 및 ISO 31000)과 함께 사용할 수 있다.

즉 기업이 취득한 기존 인증과 부패방지경영시스템을 통합 구축, 운용하기 용이하다. 따라서 기업은 ISO 37001 인증 취득을 위해 새로운 인증시스템을 구축할 필요 없이 **기존 인증시스템에 ISO 37001의 별도 요구사항을 추가 적용하면** 된다.

ISO 경영시스템의 '뉴 패러다임'으로 떠오르고 있는 HLS는 각 경영시스템의 요구사항에 대한 표준화된 구조를 설정하고 있어 통일된 요구조항의 번호와 제목, 동일한 텍스트, 동일한 용어와 정의를 사용하도록 규정하고 있다. 이는 기존 경영시스템을 도입한 기업이 부패방지경영시스템을 도입하기 위해 **새롭게 적용해야 할 부분이 8장(운용)에 한정한다는 것을 의미한다**[18].

ISO 37001과 ISO 9001의 구성을 비교해보면 HLS에 대한 개념을 쉽게 이해할 수 있을 것이다.

◆ ISO 37001과 ISO 9001의 구성 비교

ISO 9001		ISO 37001	
개요		개요	
01. 적용범위		01. 적용범위	
02. 인용표준		02. 인용표준	
03. 용어와 정의		03. 용어와 정의	
04. 조직상황	4.1 조직과 조직상황의 이해 4.2 이해관계자의 니즈와 기대 이해 4.3 품질경영시스템 적용범위 4.4 품질경영시스템과 그 프로세스	04. 조직상황	4.1 조직과 조직상황의 이해 4.2 이해관계자의 니즈와 기대 이해 4.3 부패방지경영시스템 적용범위 결정 4.4 부패방지경영시스템 4.5 부패리스크 평가

18 기업부패 예방과 관리, 지속가능경영의 출발점, 서정호, 품질경영 2017년 5월호, 2017, 38면 참조.

05. 리더십	5.1 리더십과 의지표명 5.2 방침 5.3 조직의 역할, 책임 및 권한	05. 리더십	5.1 리더십과 의지표명 5.2 부패방지 방침 5.3 조직의 역할, 책임 및 권한
06. 기획	6.1 리스크와 기회를 다루는 조치 6.2 품질목표와 품질목표 달성 기획 6.3 변경의 기획	06. 기획	6.1 리스크와 기회를 다루는 조치 6.2 부패방지를 위한 목표와 목표 달성 기획
07. 지원	7.1 자원 7.2 역량/적격성 7.3 인식 7.4 의사소통 7.5 문서화된 정보	07. 지원	7.1 자원 7.2 역량/적격성 7.3 인식과 교육훈련 7.4 의사소통 7.5 문서화된 정보
08. 운용	8.1 운용 기획 및 관리 8.2 제품 및 서비스 요구사항 8.3 제품 및 서비스의 설계와 개발 8.4 외부에서 제공되는 프로세스, 제품 및 서비스의 관리 8.5 생산 및 서비스 제공 8.6 제품 및 서비스의 불출/출시 8.7 부적합 출력/산출물 관리	08. 운용	8.1 운용 기획 및 관리 8.2 실사 8.3 재무적 관리 8.4 비재무적 관리 8.5 통제조직과 비즈니스 관계자의 부패방지 관리 8.6 부패방지에 대한 의지표명 8.7 선물, 접대, 기부 및 유사한 이익
09. 성과평가	9.1 모니터링, 측정, 분석 및 평가 9.2 내부심사 9.3 경영검토/경영평가	09. 성과평가	9.1 모니터링, 측정, 분석 및 평가 9.2 내부심사 9.3 경영검토 9.4 부패방지 준수책임자 검토

10. 개선	10.1 일반사항 10.2 부적합 및 시정조치 10.3 지속적 개선	10. 개선	10.1 부적합 및 시정조치 10.2 지속적 개선
부속서 A		부속서 A	
부속서 B		참고문헌	
참고문헌			

제**3**장

ISO 37001에
대한 이해

ISO 37001
이란?

▶ ISO 37001의 제정과정

국제표준화기구(ISO)는 164개국의 국가표준단체로 구성된 독립적인 비정부기구(NGO)이다. ISO는 국제표준을 만든다. 가장 보편적인 국제 표준으로는 ISO 9001(품질경영시스템)이 있다. 두 번째로 보편적인 국제 표준은 ISO 14001(환경경영시스템)이다.

ISO는 **2013년** 국제 뇌물방지 경영시스템(International Anti-bribery Management System)을 개발하기로 했다. 이 국제표준은 ISO 프로젝트 위원회에서 개발하였다. 이 위원회의 회원은 37개 참여국가와 22개의 관찰국가, 8개의 연락조직으로 구성되어 있다.

구분	ISO 37001 회원국
참여국가 (37개국)	영국, 미국, 호주, 오스트리아, 브라질, 카메룬, 캐나다, 중국, 콜롬비아, 크로아티아, 체코, 덴마크, 에콰도르, 이집트, 프랑스, 독일, 과테말라, 인도, 이라크, 이스라엘, 케냐, 레바논, 말레이시아, 모리셔스, 멕시코, 모로코, 나이지리아, 노르웨이, 파키스탄, 사우디아라비아, 세르비아, 싱가포르, 스페인, 스웨덴, 스위스, 튀니지, 잠비아
관찰국가 (22개국)	아르헨티나, 아르메니아, 불가리아, 칠레, 키프로스, 코트디부아르, 핀란드, 홍콩, 헝가리, 이탈리아, 일본, 한국, 리투아니아, 마카오, 몽골, 네덜란드, 뉴질랜드, 폴란드, 포르투갈, 러시아, 태국, 우루과이
연락조직 (8개국)	ASIS, 유럽건설산업연맹, 국제인증기구, 국제컨설팅엔지니어연맹, IQNet, OECD, 국제투명성기구, 세계엔지니어링연맹

위원회 사무국 및 의장은 **영국**이며, 초안은 국제 협의와 초안 작성 프로세스를 통해 **3년 동안** 개발되고 보완되었다. ISO 37001은 참가국의 최종 투표로 승인되었으며, **2016년 10월 15일**에 제정되었다52. ISO 37001의 정식명칭은 'Anti-bribery management systems-Requirements with guidance for use'이다. 우리 말로 번역하면 '부패방지경영시스템-요구사항 및 사용지침'이다.

국내에서도 청탁금지법의 시행과 맞물려 2017년 4월부터 국내 기업들이 ISO 37001 인증을 획득하기 시작했다. 국가기술표준원은 2017년 11월 14일 ISO 37001(2016)을 **KS 표준화**하여, KS A ISO 37001(2016)을 제정하였다. 국내에서도 국문 기준이 제정됨으로써 **한국에서도 통용될 수 있는 규범이 되었다.**

▶ ISO 37001을 주도한 닐 스탠스베리 변호사

ISO 37001 초안 활동은 ISO 기술위원회 ISO/TC 309의 사무국 및 기초위원회 의장을 역임한 **닐 스탠스베리**(Neill Stansbury) 변호사가 주도했다. 이러한 노력을 지원한 것은 37개 참여국가와 22개의 관찰국가, 8개의 연락조직이었다.

닐 스탠스베리 변호사는 "엄격한 법 집행만으로는 충분치 못하며 갈수록 뇌물수수를 중대한 경영 관련 이슈로 여기는 분위기가 조성되고 있다"면서 "정부와 기업 그리고 프로젝트의 올바른 경영을 통해 뇌물수수를 줄일 수 있다. **뇌물은 품질, 안전관리와 비슷한 방식으로 다루어져야 한다**"고 주장했다.

닐 스탠스베리 변호사는 많은 기업이 이러한 변화에 관심을 보인다면서 "전 세계적으로 많은 기업이 부패방지경영시스템(ABMS)을 도입함으로써 변화하고 있는 법률적, 윤리적 환경에 대응하고 있다. 그렇게 하는 것이 옳기 때문이기도 하고, 조직과 직원들의 뇌물방지법 위반을 예방하기 위해서이기도 하다"고 말했다. 기업이 내부통제만을 강화하는 것으로는 충분하지 못하다고 닐 스탠스베리 변호사는 말했다. 그는 윤리적 기업이라면 **파트너사들과 공급망의 조직들 또한 뇌물방지를 위한 장치를 도입하도록 해야 한다**고 강조했다[19].

▶ ISO 37001의 특징

ISO 37001은 뇌물방지 준수(anti-bribery compliance)에 관한 **세계 최초(最初)의 국제표준**이다. 이 표준은 공공, 민간, 비영리 단체들이 뇌물수수의 **예방, 탐지 및 해결**을 위한 비즈니스 프레임워크(business framework)를 제공함으로써 뇌물과 관련된 위험과 비용을 줄이는 것을 돕기 위해 마련되었다.

이 표준은 다양한 이해관계자를 통하여 **합의 기반 프로세스(consensus-based process)**로 개발되었다. 이 표준은 뇌물방지 준수에 관한 현존하는 가이드라인을 통해 구축되었다. 그러한 가이드라인에는 미국 양형 가이드라인, 미국 해외뇌물방지법(FCPA)에 관한 미국 법무부(DOJ)와 증권거래위원회(SEC) 가이드와 OECD의 내부통제 및 윤리 컴플라이언스에 관한 모범사례 가이드가 있다.

이 표준은 '**요구사항 표준(requirements standard)**'으로 개발되었다. 따라서 조직(또는 조직의 일부)은 자신의 부패방지경영시스템이 표준의 요구사항을 충족한다는 제삼자 인증을 받을 수 있다. 물론 이 표준은 부패방지 프로그램을 벤치마킹하거나, 평가 및 개선하기 위해 단순한 가이던스(지침)로 사용될 수도 있다.

●
19 뇌물을 뿌리 뽑는 표준, S-LIFE, 국가기술표준원, 2015 JANUARY+FEBRUARY Vol.152

이 표준은 공공, 민간 및 비정부 조직에 동일하게 적용된다. ISO 37001은 **자발적(voluntary)**이다. ISO는 뇌물과 부패가 공공 부문과 민간 부문 모두에게 영향을 미치는 광범위한 글로벌 이슈이기 때문에 이 표준을 개발하여 발행했다. 부패는 우리 시대의 가장 파괴적이고 복잡한 문제 중의 하나이다. 부패는 수조 달러에 달하는 위기를 만들어낸다. ISO는 뇌물과 부패를 글로벌 시장에서 낙후된 기업지배구조와 불공정한 경쟁뿐만 아니라, 사회적, 도덕적, 경제적, 정치적 관심사와도 연계시켰다.

ISO는 세계 각국의 정부들이 다양한 법률과 협약, 규제기관의 지침과 집행을 통해 부패와 싸우는데 진전을 이루었다고 인정한다. 하지만 ISO는 **공공기관과 민간기관도 부패와 싸우는 데 있어 중요한 역할을 해야 한다**고 주장한다. 조직은 부패방지 프로그램을 적극적으로 개발하고 비즈니스를 하는 **제삼자에게까지 확대**함으로써 이러한 목표를 추구할 수 있다. ISO 37001은 조직이 이를 수행하는 데 도움을 주려는 것이다. ISO 37001은 조직의 부패방지 프로그램에 대한 프레임워크(framework)를 제시한다.

ISO 37001이 국제적인 윤리·컴플라이언스 분야에서 긍정적인 영향을 미쳤음에도 불구하고, 이 표준은 근본적으로 새로운 것을 도입하지 않았다는 느낌이 있다. 사실 윤리·컴플라이언스 전문가들은 ISO 37001의 제정을 **'완전히 따분한 것(complete yawner)'**으로 본다.

이 표준은 수많은 주요 실천요강에서 이미 확립된 프로그램 프레임워크를 반영하고 있기 때문이다. 예를 들면 ISO 37001은 ISO 19600 컴플라이언스 경영시스템(Compliance Management System: CMS)에 규정된 프레임워크와 매우 유사하다. ISO 19600은 뇌물방지, 부패방지, 독점금지, 자금세탁방지 등을 포함하는 컴플라이언스 리스크에 적용할 수 있는 컴플라이언스 프로그램 경영시스템을 확립했다. 일부 윤리·컴플라이언스 전문가들은 **ISO 37001의 대부분이 이전에 ISO 19600에서 다루어졌기 때문에 ISO 37001의 필요성에 의문을 제기**한다.

더욱이 **ISO 37001**에 규정된 뇌물방지, 부패방지 컴플라이언스 프로그램의 **프레임워크**는 비록 ISO 경영시스템의 형식과 작성방식을 따르고 있지만, 다음과 같은 사항에서 규정하고 있는 요구사항과 기대 및 지침을 **반영하고 있다.**

- 주요 법률(예를 들면 미국 FCPA, 영국 Bribery Act)
- 지침 프레임워크(예를 들면 미국 연방 양형 가이드라인, OECD 가이드라인)
- 에이전시 가이드(미국 법무부와 증권거래위원회 가이던스)
- FCPA위반 관련 기소유예협정에 명시된 프로그램설계요건

그러나 공통 프로그램 구조가 이러한 지침 프레임워크의 많은 부분에 걸쳐 반복되지만, ISO 37001에 기술된 지침 및 기술적 처방 수준이 많은 측면에서 다른 형태의 지침을 초과한다는 것은 분명한 사실이다[20].

ISO 37001의 coverage를 정리하면 다음 그림과 같다.

◆ ISO 37001 프레임워크의 Coverage

FCPA	미국 연방 양형 가이드라인	미국 법무부 가이던스
Bribery Act	OECD 가이드라인	미국 증권거래위원회 가이던스

▶ PDCA 구조에 따른 ISO 37001의 기술적 구성

PDCA 사이클(Cycle)은 1950년 미국 통계학자 에드워드 데밍(Edward Deming)에 의해 개발되었다. 그의 이름을 따서 '데밍 사이클'이라고도 불려진다. PDCA는 원래 품질 개선을 위한 방법으로 고안되었는데, 지금은 경영의 기본 관리체계로 많이 활용되고 있다. PDCA 사이클은 크게 4가지 요소로 구성되어 있다. 사이클을 구성을 하는 앞 철자를 따서 PDCA라고 붙여지게 되었다.

Plan (계획) → Do(실행) → Check(평가) → Act(개선)

[20] ISO 37001 Certification: Understanding and navigating the process, Crescenzi. Compliance & Ethics Professional August 2018, 2018

PDCA는 프로세스, 제품, 서비스를 지속적으로 개선하고 문제를 해결하기 위한 반복적인 4단계의 접근방식이다. 즉 실적에 근거해 계획을 세우고, 그 계획에 따라 실행을 한 후, 실행이 계획대로 잘 진행되었는지 평가하고, 계획에서 벗어났다면 개선을 하는 일련의 흐름(flow) 속에서 진행되는 하나의 프레임워크(framework)이다.

◆ 일반적인 PDCA 사이클

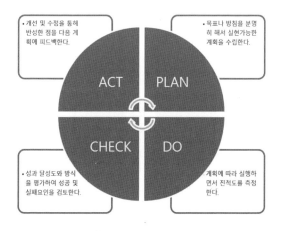

출처: 담덕의 경영학 노트(https:mbanote2.tistroy.com)

ISO 37001은 PDCA 사이클에 맞추어 구성되어 있다. 부패방지경영시스템에 대한 요구사항들(requirements)을 PDCA 각 그룹별로 모아 놓았다. ISO 37001의 심사 기준을 구성하는 부분은 4항부터 10항까지 수록되어 있다.

PLAN			DO		CHECK	ACT
4. 조직상황	5. 리더십	6. 기획	7. 지원	8. 운용	9. 성과평가	10. 개선

ISO 37001은 효과적인 부패방지경영시스템의 구축 및 운용을 위한 세부적인 요구사항들을 **PDCA 모델**에 따라 이행 기관에 요구하고 있다는 점이 특징이다. ISO 37001은 요구사항의 체계적인 반영을 위해 경영시스템적 접근이 가능하도록 PDCA 모델을 사용해서 이행사항을 기술하고 있는데, 이를 충실히 적용한다면 경영관리 측면에서 효과적인 부패방지시스템 실행이 가능할 수 있게 된다.

PLAN(계획) 단계에서는 조직 차원에서 부패방지경영시스템의 계획을 위한 책임과 역할의 분담, 부패방지에 관한 방침의 제정, 실행을 위한 자원의 배분 등 전반적인 시스템의 구축과 실행을 위한 준비에 관한 내용을 기술하고 있다.

DO(실행) 단계에서는 부패방지를 위한 방침을 채택하고 경영시스템을 **실행**하는 단계이다. 부패방지 방침과 체계에 관한 내부 의사소통, 부패방지에 관한 교육 및 훈련, 부패방지 책임자의 책임과 역할 분담, 부패리스크 평가, 내부신고절차 마련 및 조직 내·외부 전반에 걸친 활동 관리 등의 내용을 기술하고 있다.

CHECK(평가) 단계에서는 일상 업무에 대한 부패방지 준수 수준의 검토와 함께 내부심사 등의 활동을 통한 부패방지 수준**평가**와 이러한 결과를 최고경영진과 지배기구에 **보고**하고 **검토**가 이루어져야 하는 내용을 기술하고 있다.

ACT(개선) 단계에서는 평가 결과 부패방지경영시스템의 실행에 변화나 개선이 필요한 경우 이를 실행함으로써 조직 차원에서 **지속해서 개선**이 이루어져야 하는 내용을 기술하고 있다[21].

◆ PDCA 모델에 따른 ISO 37001

전술한 바와 같이 ISO 37001은 다른 경영시스템처럼 PDCA 사이클로 구성되어 있는데, 전체적으로 보면 분석과 기획의 2가지 상호활동이 큰 축을 이룬다.

●
21 조창훈, 글로벌 윤리규범 ISO 37001 실제적 이해, 한국윤리경영학회(2018), 142면~145면 참조.

분석(Analysis)활동은 조직의 기능, 운영, 그리고 조직성과에 부패가 미치는 영향을 심도 있게 검토하는 것이다. 부패로 인한 조직의 리스크를 파악하고 파악된 리스크가 조직 내 운영에 미치는 중대한 영향을 평가하는 일련의 과정으로 진행된다.

반면 **기획(Planning)활동**은 부패라는 사고를 방지하기 위해 대응하는 조직의 대처 능력을 개발하는 것을 의미한다. 분석 활동을 통해 파악된 부패로 인한 영향을 예방하기 위해 부패방지 요구사항을 강조하는 핵심 프로세스를 설정하는 활동이라고 할 수 있다[22].

◆ ISO 37001의 2가지 상호활동

분석(Analysis) 활동	기획(Planning) 활동

▶ ISO 37001의 구성

ISO 37001은 **요구사항**과 **부속서**로 구성되어 있다. 요구사항(requirements)은 명시적이고 의무적인 요구를 말한다. 부속서는 조문별 요구사항의 세부적인 설명을 위해 만들어진 것으로, 요구사항의 실행에 대한 실제적인 설명 또는 지정을 제공하고 있다.

22 지속가능경영의 필수조건, 반부패경영, 품질경영 2017년 5월호, 한국표준협회, 2017, 35면.

◆ ISO 37001(2016)의 구성

개요 1. 적용범위 2. 인용표준 3. 용어와 정의		8. 운용	8.1 운용 기획 및 관리 8.2 실사 8.3 재무적 관리 8.4 비재무적 관리 8.5 통제조직과 비즈니스 관계자의 부패방지 관리 8.6 부패방지에 대한 의지표명 8.7 선물, 접대, 기부 및 유사한 이익
4. 조직상황	4.1 조직과 조직상황의 이해 4.2 이해관계자의 니즈와 기대 이해 4.3 부패방지경영시스템 적용범위 결정 4.4. 부패방지경영시스템 4.5 부패리스크 평가		
5. 리더십	5.1 리더십과 의지표명 5.2 부패방지 방침 5.3 조직의 역할, 책임 및 권한	9. 성과평가	9.1 모니터링, 측정, 분석 및 평가 9.2 내부심사 9.3 경영검토 9.4 부패방지 준수책임자 검토
6. 기획	6.1 리스크와 기회를 다루는 조치 6.2 부패방지를 위한 목표와 목표 달성 기획	10. 개선	10.1 부적합 및 시정조치 10.2 지속적 개선
7. 지원	7.1 자원 7.2 역량/적격성 7.3 인식과 교육훈련 7.4 의사소통 7.5 문서화된 정보	부속서 A 참고문헌	

다만 부속서는 일반사항 A.1에서 "본 부속서의 목적은 조직이 부패방지경영시스템을 실행할 때 특정 분야에서 취할 수 있는 **조치의 유형을**

제시하는 것이다. 모든 것을 포괄하거나, 구체적인 실행지침을 제시하고자 하는 의도는 없으며, 조직이 이 표준의 요구사항을 충족하는 부패방지경영시스템을 갖추기 위해서는 다음의 단계들을 실행해야 하는 것도 아니다. 조직이 취하는 일련의 조치는 조직이 직면한 부패리스크의 특성과 정도를 감안하여 **합리적이고 그에 비례하도록** 취해져야 한다."고 밝히고 있다.

◆ 부속서의 구성

A.1 일반사항
A.2 부패방지경영시스템의 범위
A.3 합리성 및 비례성
A.4 부패리스크 평가
A.5 지배기구와 최고 경영자의 역할과 책임
A.6 부패방지 준수기능/준수책임자
A.7 자원
A.8 고용 절차
A.9 인식 및 교육훈련
A.10 실사
A.11 재무적 관리방법
A.12 비재무적 관리방법
A.13 통제조직 및 비즈니스 관련자의 부패방지경영시스템 실행
A.14 부패방지 의지표명
A.15 선물, 접대, 기부 및 유사한 편익
A.16 내부심사
A.17 문서화된 정보
A.18 부패조사 및 조치
A.19 모니터링
A.20 부패방지경영시스템의 변경 기획 및 실행
A.21 공직자
A.22 부패방지 추진활동(initiative)

ISO 37001은
무엇을 요구하는가?[23]

이 표준은 조직이 특정 리스크 프로파일(risk profile)에 대해 **'합리적이고 비례적인(reasonable and proportionate)'** 일련의 조치를 이행하도록 요구한다. 이러한 개념은 다른 표준에는 없는 것으로, 결국 **조직의 상황에 맞춰서 하라**는 의미다.

이 표준에서 주목해야 할 영역은 다음과 같다.

01. 부패방지 금지 방침 및 관련 절차와 재무적 통제 및 비재무적 통제의 채택
02. 최고경영진과 해당하는 경우 이사회 차원의 리더십 필요

●
23 A New Global Standard to Address Bribery Risk: ISO 37001: Anti-Bribery Management Systems Standard, Leslie Benton, The Complete Compliance and Ethics Manual(2018), 2018

03. 경영시스템의 구현 및 운영을 감독하기 위한 컴플라이언스 기능을 구성할 시니어레
벨의 사람 또는 그룹
04. 부패리스크 평가의 수행
05. 비즈니스 파트너 및 거래에 대한 실사 수행
06. 통제조직 및 비즈니스 파트너의 컴플라이언스 요구
07. 교육 및 지속적 의사소통 제공
08. 경영시스템의 모니터링 및 심사 이행
09. 지속적 개선을 위한 시정조치

부패방지경영시스템(ABMS)은 아래 그림과 같이 독립적으로 실행되거
나, 조직의 더욱 큰 컴플라이언스시스템(Compliance system) 내에 있을
수 있다.

◆ 부패방지경영시스템의 실행방식

이 표준은 **리스크 기반**(risk-based)이다. 즉 부패리스크 평가는 부패
방지 프로그램의 범위와 목적을 위한 토대 역할을 한다. '낮은 부패리
스크'보다 '더 많은 부패리스크'를 발견하는 것은 표준의 요구사항의 대
부분을 촉발한다. 그 요구사항들은 절대적인 것은 아니다. 방침과 절차
및 통제는 조직이 직면한 부패리스크에 '**합리적이고 비례적**(reasonable

and proportionate)'이어야 한다.

'합리적이고 비례적'이라는 말은 여러 요인에 따라 조직의 리스크가 크게 달라질 수 있고, 각 요구사항을 어떻게 구현해야 하는지에 대한 세부사항도 달라질 수 있다는 인식을 포함한다. 이 표준의 부속서(Annex)에 조직이 어떤 특정한 상황에서 무엇을 해야 하는지를 상세히 규정하는 것은 불가능하다. '합리적이고 비례적'이라는 요건은 모든 상황이 그 자체의 장점에 따라 평가될 수 있도록 표준에 도입되었다.

경영시스템에 **리스크가 포함된 이유**는 무엇일까? 한마디로 **예방조치와 관련**이 있다.

리스크 관리에 관한 국제표준은 아래와 같이 3종이 제정되어 있다.

ISO 31000:2009	리스크 관리에 대한 원칙, 프레임워크 및 프로세스
ISO/IEC 31010:2009	리스크 관리 기법
ISO/TR 31004:2013	ISO 31000의 이행을 위한 가이던스

ISO 31000 표준은 2019년 11월 15일 한국산업표준 KS Q ISO 31000(리스크 관리-가이드라인)으로 제정되었다.

위의 세 가지 표준 이외에도 산업 분야별로 리스크 관리에 관한 표준이 제정되어 있으므로 참조할 것을 권장한다. 이들 산업 분야별 리스크 관리 표준은 ISO 31000보다 상세한 내용을 담고 있다.

표준의 적용범위(application)는 넓다. 그것은 직접적이든 간접적이든 조직에 의한(outbound) 그리고 조직의(inbound) 정부 또는 상업적 뇌물에 대해 다룬다. 그것은 **사기, 카르텔, 반(反)경쟁 범죄, 돈세탁 및 부패 관행과 관련된 다른 활동들을 다루지 않는다.** 표준은 뇌물수수가 국가 법률에 따라 정의된다는 것을 인정하지만, 표준의 목적과 범위를 설명하기 위한 지침으로서 일반적인 정의를 제공하고 있다.

표준은 **다양한 방법으로 사용될 수 있다.** 언급한 바와 같이 내부적으로 부패방지 프로그램을 벤치마킹, 평가 또는 개선하기 위해서, 또는 인증 취득의 수단으로 사용될 수 있다. 표준은 또한 외부적으로 비즈니스 파트너들과 함께 그들의 부패방지 프로그램을 측정하고 평가하거나, 신규 또는 기존 비즈니스 파트너의 선호 자격이나 자격요건에 대한 기대를 설정하기 위해 사용될 수 있다. 이 표준은 또한 투명성과 공시의 목적으로 사용될 예정이다. 경영진, 투자자 등의 경우 ISO 37001을 준수하면 부패방지에 대한 조직의 접근방식에 확신을 제공할 수 있다. 집행당국과 규제당국에 있어서, 그것은 **조직이 부패방지를 위해 합리적인 조치를 했다는 것을 증명할 수** 있다.

표준은 **요구사항(requirements)의 집합**이다. 요구사항은 인증 취득을 위한 최소한의 요건이다. 인증 취득을 위해서는 요구사항에 대한 대응 조치가 필요하다. 대응조치는 **눈에 보이는 '형태'**인 것이 중요하다. 즉 가시성(可視性)이 있어야 한다. 요구사항이 의미하는 것은 효과적인 과제 해결을 위해 필요한 사항이다. 규격의 규정은 '요구사항'이라고 불리지 만, 규격이 조직에 뭔가를 요구한다는 것(제약)이 아니라, **업무의 바람직 한 모습을 교시(敎示)**하는 지침이다. 요구사항은 조직이 효과적으로 경 영과제(부패방지)를 해결하기 위해서 필요한 사항이라는 의미이다.

인정과 인증

'인정(認定)'과 '인증(認證)'이라는 용어는 비슷해 보이지만, 인정은 '**허가**한다'는 의미가 강하고, 인증은 '증명한다'는 의미가 강하다. 두 용어의 사전적 의미는 다음과 같다.

◆ 인정과 인증의 차이

인정(Accreditation)	인증(Certification)
인증 기준 및 인증기관의 인증 평가 **능력**에 대한 인정	상품 등이 기준에 충족하는지 여부를 평가하는 것

ISO 인증제도는 조직의 경영시스템이 ISO 표준에 적합한지를 인증해주는 민간 자율적인 임의 인증제도이다. 각국의 인정기구가 인증기관을 인정하고, 해당 인증기관을 관리, 감독한다. 인증제도의 구조는 다음 그

림과 같다.

◆ ISO 인증제도의 구조

인정기구 → 인증기관 → 인증기업

인증기관 인정(accreditation)　　　인증기업 인증(certification)

　우리나라의 인증제도 운영체계를 살펴보면 다음과 같다. 우리나라의 경영시스템 인증제도를 관장하는 정부기관은 산업통상자원부와 국가기술표준원이며, 인정기관은 한국인정지원센터(KAB)이다. 우리나라의 경영시스템 인증심사원 자격관리기관으로는 한국심사자격인증원(KAR)과 피씨에이에이(PCAA)가 있다. 국가별로 인증제도 운영체계가 약간씩 다르지만, 국제적으로 보편적인 국가체계를 따르고 있다.

◆ 일반적인 인증제도의 국가체계

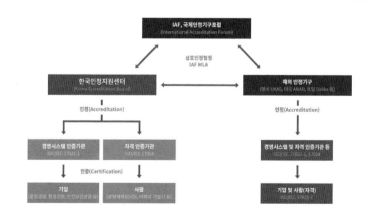

출처 : 한국인정지원센터(KAB) website

조직은 부패방지 프로그램에 대해 **제삼자 인증**을 신청할 수 있다. 인증 프로세스는 조직의 규모와 복잡성을 포함한 여러 가지 요인에 따라 다르지만, 그 과정에는 일반적으로 세 가지 단계가 포함된다.

첫째 회사는 인증 자격을 결정하기 위해 설문지에 답할 것이다. 초기 평가 후 회사의 신청서는 인증기관(Certification Body:CB)에 의해 검토되고, 인터뷰를 포함한 현장심사가 실시된다. 이러한 최초 심사에서 발견된 부적합사항은 심사를 수행한 후 90일 이내에 시정되어야 한다.

표준의 모든 요구사항이 충족되고, 중(重) 부적합이 없을 때 조직에 인증을 부여한다. 일단 인증서가 수여되면, 인증은 3년간 유효하다. 매년 사후심사를 받는다. 인증에는 경(輕) 부적합이 부여될 수 있지만, 조직은 첫 번째 사후심사 전에 이러한 문제를 해결해야 한다.

인증에 관심 있는 조직이 있다면, 인증, 글로벌 인정, 업계 경험, 의미 있는 피드백을 제공할 의지에 따라 잠재적 **인증기관(CB)**을 **평가**할 것을 권고한다. 인증기관은 특정 심사원의 역량 요구사항에 따라 인가된다.
심사원의 역량은 ISO 적합성평가위원회(CASCO)가 개발한 세부 요건 (ISO/IEC17021-1and9)에 따라 관리된다. 신뢰도, 품질, 신뢰성을 보장한다. 인증과정에서 **심사원**은 표준 요구사항에 대한 지식, 뇌물 개념 및 시나리오, 제삼자 리스크, 부패리스크 평가 및 실시, 효과적인 부패방지 통제의 설계 및 평가 등 **구체적인 지식을 갖추도록 요구**된다. 조직은 인가된 심사원을 사용하도록 요구되지 않으며, 인증서의 부재가 심사원이 자격이 없다는 것을 의미하지는 않는다. 그러나 그것은 독립적으로 역량의 확인을 제공할 수 있다.

ISO 거버넌스(governance)라는 용어는 ISO 표준에 익숙하지 않은 사람에게는 다소 생소할 수 있다. ISO 37001 인증을 고려하는 조직이라면 ISO 인증기관(CB)을 둘러싼 거버넌스에 좀 더 정통해야 한다. ISO 적합성평가위원회(CASCO)와 국제인증포럼(IAF)은 ISO 거버넌스를 이해하는 데 좋은 출발점이다. 각 국가는 자체 인정기구를 가지고 있다. 미국에는 5개의 인정기구(accreditation body: AB)가 있으나, ISO 경영시스템 표준(MSS)에 대한 인정을 제공하는 인정기구는 두 곳이다. 즉, ANAB(ANSI-ASQ National Accreditation Board)와 IAS(International Accreditation Service)가 있다. 미국 이외의 지역에서는 국제인증포럼(International Accreditation Forum : IAF)에 연락하여 인정된 CB를 찾을 수 있다. 현재 인증은 자발적인 것으로 남아 있다. 그러나 **향후 정부는 공공계약에 ISO 37001 인증을 요구할 수** 있다.

국제인정 협력기구(accreditation body)는 크게 다음과 같이 구분된다.

◆ 국제인정 협력기구 현황

구분	ILAC (International Laboratory Accreditation Cooperation)	IAF (International Accreditation Forum)
설립	1996년	1993년
대상	시험, 검사, 교정 등을 수행하는 시험소 분야	제품인증, 경영인증, 검증 등을 수행 하는 인증분야
회원국	66개국 (80개 인정기구)	72개국 (83개 인정기구)
한국 참여	KOLAS(시험교정) - 1998년 * 회원국 간 성적서 상호인정(2000년)	KAB(경영인증) - 1996년 KAS(제품인증) - 2001년 * 회원국 간 인증서 상호인정(1999년)

국제인정 협력기구 중의 하나인 IAF(International Accreditation Forum)
의 주요국가별 회원현황은 다음과 같다. 한국의 경우 한국인정지원센터
(KAB)을 포함한 3개 기관이 회원으로 등록되어 있다.

◆ IAF의 주요국가별 Member List: Accreditation Body Members

국가	Accreditation Body
미국	**A2LA** : American Association for Laboratory Accreditation **ANAB** : ANSI National Accreditation Board **ANSI** : American National Standards Institute **IAS** : International Accreditation Service (USA) **UAF** : United Accreditation Foundation
영국	**UKAS** : United Kingdom Accreditation Service
중국	**CNAS** : China National Accreditation Service for Conformity Assessment **HKAS** : Hong Kong Accreditation Service

일본	**IAJapan** : International Accreditation Japan **JAB** : Japan Accreditation Board
한국	**KAB** : Korea Accreditation Board **KAS** : Korea Accreditation System **NIER** : National Institute of Environmental Research (Korea)
독일	**DAkkS** : German Accreditation
프랑스	**COFRAC** : Committee Francais d'Accreditation (France)
러시아	**STC-IS** : Scientific Technical Centre on Industrial Safety (Russian Federation)

상술한 바와 같이 미국에서 ISO 경영시스템(MS) 관련 인정을 제공하는 인정기구는 ANAB과 IAS이다. 두 인정기구가 ISO 37001에 대해 인정한 인증기관(CB) 현황은 다음과 같다. 미국에 기반을(US-based) 둔 미국 인증기관(CB)은 한국에 비해 설립이 늦고, 그 수도 적다. 수요 부족이 원인인 것으로 추측된다.

◆ 미국 ISO 37001인증기관(CB) 현황

ANAB이 인정한 ISO37001인증기관	IAS가 인정한 ISO37001인증기관
1. BASC PERU (페루) 2. BSI (영국) 3. DENETIK (터키) 4. EHTIC INTELLIGENCE (프랑스) 5. GLOBAL STANDARDS (멕시코) 6. PERRY JOHNSON (미국)	1. AS&C (산마리노) 2. GIC : GLOBAL INTER CERTIFICATION (미국) 3. ITS (한국) 4. INTER CERT PRIVATE (인도) 5. INTERCONFORMITY (독일) 6. LMS CERTIFICATION (인도) 7. PECB (캐나다) 8. PECB MANAGEMENT SYSTEM (캐나다) 9. QACS INTERNATIONAL PROVATE (인도) 10. SIS CERTIFICATION (인도)

	11. SUSTAINABLE MANAGEMENT GROUP (캐나다)
	12. UNITED CERTIFICATION SERVICE (방글라데시)
	13. WORLD COMPLIANCE ASSOCIATION (스페인)
총 6개 중 미국 기반(US-based) 인증기관(CB)은 Perry Johnson Registrars, Inc.이다.	총 13개 중 미국 기반(US-based) 인증기관(CB)는 GIC (Global Inter Certification)이다.

주) 출처 ANAB website 및 IAS website

참고로 IAF에 가입한 전 세계 인정기구는 2019. 3월 기준으로 72개국 83개 인정기구가 있다. MLA(국제상호인정)에 가입된 인정기구의 인증서는 상호 동등함을 의미한다.

2019년 10월 미국 마이크로소프트(Microsoft)사의 인증사례를 살펴보면 다음과 같다.

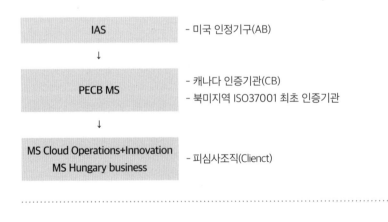

IAS	- 미국 인정기구(AB)
↓	
PECB MS	- 캐나다 인증기관(CB) - 북미지역 ISO37001 최초 인증기관
↓	
MS Cloud Operations+Innovation MS Hungary business	- 피심사조직(Clienct)

제**4**장

ISO 37001
활용

국가별 동향

　2016년 10월, ISO 37001 표준이 발표된 이후 여러 국가의 표준기관에서 채택하고 있다.

　페루 국립품질원은 공공조달 입찰에 ISO 37001 인증을 의무화하는 것을 목표로 이 표준을 채택하고 조직을 위한 인증 체계를 개발할 것이라고 발표했다.

　싱가포르의 국가표준기구 역할을 하며 현지 사업을 지원하는 기관인 SPRING 싱가포르도 이와 유사한 인증제도 개발계획을 발표했으며, 인증을 원하는 기업에 대해 교육, 자금지원, 컨설팅 등을 제공할 예정이다.

　중국 선저우 선전표준기술원(SIST)은 유사한 인증을 계획하고 있으며, 중국의 다른 지역들을 통합하기 위해 노력하고 있다.

　말레이시아 표준부와 부패방지위원회(MACC)는 말레이시아 표준

37001로 알려진 ISO 37001 국가 버전(country specific version)을 구현했다. MACC은 부패 척결을 위한 노력을 더욱 강화하기 위해 ISO 37001 인증을 위해 노력할 계획이다.

글로벌
민간기업 동향

미국의 Wal-Mart와 Microsoft도 인증 취득 의사를 공개적으로 밝히고 **ISO 37001을 도입**하였다. 전 세계적으로 다양한 이해관계자와 글로벌 그룹은 청렴한 기업 이미지를 관리하기 위해 ISO 37001을 도입하고 인증 취득을 준비하고 있다. 특히 Wal-Mart같이 다양한 공급업체들과 거래를 해야 하는 기업은 **B2B 거래상의 투명성을 관리하기 위해** ISO 37001을 도입했다.

일본의 경우 ISO 37001 인증을 취득한 기업이 없었으나, 2019년 11월 15일 일본 종합상사인 소지츠(Sojits)사가 일본 기업 최초로 ISO 37001 인증을 취득했다.

이탈리아 **Terna Group**과 **ENI SPA** 등 일부 민간단체가 ISO 37001 인증을 취득했다. 영국의 IP관리 회사인 **CPA Global**은 부패방지경영시스템 인증을 받아 그 뒤를 이어갔다. 프랑스의 철도 대기업인 **Alstom**도 인증을 취득해, 프랑스 기업 1호가 되었다. 유럽의 선진국들도 부패 및 뇌물로부터 자유롭지 못하며, 발전 등 공공재를 다루는 기업이 인증을 선도했다.

국가부패지수가 높은 것으로 알려진 중동, 인도, 멕시코 등도 부패방지관리를 위해 ISO 37001 인증을 촉진했다. **2018년 2월 기준으로 말레이시아에서 인증을 획득한 기관은 12개 정도**라는 연구 결과가 나왔다.

한국 동향

    국내 인증기업현황은 2019년 2월 기준으로 **총 94개** 기업이 인증을 획득했다. 이 중 공공기관이 51%, 일반기업이 49%를 차지하고 있다. 일반기업 중 제약 업종 분야가 19%이며, 전체 인증 건수는 증가 추세이다. 공공분야보다 민간산업 분야의 인증 획득이 상대적으로 저조한 편이다. 향후 민간 분야에서 많은 조직이 인증을 취득할 수 있도록 다양한 인센티브와 지원책이 필요하다[24].

    민간 분야에서는 제약업종의 인증 취득이 매우 활발하다. 한국제약바이오협회 소속 회원사들의 ISO 37001 추진일정은 아래와 같다. 한국

24 윤리경영과 부패방지경영시스템(ISO 37001) 세미나, 한국인정지원센터, 2019.

제약바이오협회는 2020년 2월 4일 보도자료를 통해 ISO 37001 인증 지원사업을 2020년에도 이어갈 방침이라고 밝혔다. 2020년 2월 4일 현재까지 협회 소속 43개 제약사가 인증을 취득했고, 10개사는 인증 막바지 작업 중에 있다. 협회는 회원사 참여 독려를 통해 2020년 연내 ISO 37001 도입 인증 기업을 70개사로 확대하는 것을 목표로 하고 있다.

2019년 9월 협회가 ISO 37001 인증을 취득한 회원 제약사 28개사를 대상으로 실시한 설문조사 결과 25개사(89.2%)가 ISO 37001 인증을 다른 회사에 추천할 의향이 있다고 대답한 것으로 나타났다. 결국 제약사들의 ISO 37001 인증 취득이 제약사 내 윤리경영 문화의 조성에 긍정적인 영향을 끼친 것으로 평가된다. 국내 제약업계를 시작으로 한 ISO 37001 인증은 점진적으로 다른 산업계에도 확대될 것으로 전망된다.

◆ 한국제약바이오협회 회원사 ISO37001 인증 추진일정

구분	추진일정	참여기업
1차	2017. 12~ 2018. 5	- 이사장단사(8개사) : GC녹십자, 대웅제약, 대원제약, 동아ST, 일동제약, 유한양행, JW중외제약, 한미약품 - 非이사사(1개사) : 코오롱제약(자율준수관리분과위원사)
2차	2018. 5~ 2018. 10	- 이사장단사(7개사) : 동구바이오, 명인제약, 안국약품, 종근당, 휴온스, 보령제약, 삼진제약
3차	2018. 10~ 2019. 3	- 이사사(7개사) : 제일약품, CJ헬스케어, 동화약품, 신풍제약, 한국오츠카제약, 한국유나이티드제약, 한독 - 非이사사(5개사): 엠지, 영진약품, 동아제약, 부광약품, 한국유니온제약

4차	2019. 3~ 2019. 8	- 이사사(10개사) : 동국제약, 한림제약, 경동제약, 환인제약, 한국콜마, 대한약품공업, 광동제약, 일양약품, 삼천당제약, 국제약품 - 非이사사(4개사) : 대화제약, 마더스제약, 한국휴텍스제약, 한올바이오파마
5차	2019. 7~ 2019. 12	- 이사사(13개사) : LG화학, SK케미칼, 건일제약, 구주제약, 비씨월드제약, 삼익제약, 일성신약, 유유제약, 진양제약, 한국파마, 태준제약, 현대약품, 삼일제약

출처: 한국제약바이오협회

민간 분야에서 제약사를 제외한 기업 중 인증 취득이 가장 활발한 기업은 롯데 계열사들이다. 롯데그룹 계열사 중 ISO 37001 인증을 취득한 계열사 현황은 다음과 같다. 공정거래위원회가 발표한 '2019년 8월 1일 기준 상호출자제한기업집단 등의 소속회사 현황'에 따르면 기업집단 '롯데(그룹)'의 소속 계열사 수는 총 96개사로 이 중 16개사가 ISO 37001 인증을 취득하였다. 34개 상호출자제한기업집단 중 롯데그룹 계열사가 가장 많이 ISO 37001 인증을 취득한 것으로 확인된다.

◆ 롯데그룹 계열사 ISO 37001 인증취득 현황

계열사명	업종	인증취득시기	인증기관	인정기구
1. 롯데카드	금융	2017년 4월	한국경영인증원	KAB
2. 롯데닷컴	유통	2017년 7월	한국컴플라이언스인증원	KAB
3. 롯데홈쇼핑	유통	2017년 9월	한국컴플라이언스인증원	KAB
4. 코리아세븐	유통	2017년 9월	한국컴플라이언스인증원	KAB
5. 롯데멤버스	금융	2017년 9월	한국컴플라이언스인증원	KAB

6. 롯데마트	유통	2017년 12월	한국컴플라이언스인증원	KAB
7. 롯데월드	테마파크	2017년 12월	한국컴플라이언스인증원	KAB
8. 롯데손해보험	금융	2018년 6월	한국경영인증원	KAB
9. 롯데컬처웍스	영화관운영	2018년 6월	한국경영인증원	KAB
10. 롯데하이마트	유통	2018년 9월	한국컴플라이언스인증원	KAB
11. 롯데글로벌로지스	물류	2018년 10월	한국경영인증원	KAB
12. 롯데지알에스	유통	2018년 12월	한국컴플라이언스인증원	KAB
13. 롯데칠성음료	제조	2019년 3월	한국컴플라이언스인증원	KAB
14. 롯데제과	제조	2019년 4월	한국컴플라이언스인증원	KAB
15. 롯데푸드 청주공장	제조	2019년 9월	한국경영인증원	KAB
16. 롯데케미칼	제조	2019년 10월	한국컴플라이언스인증원	KAB

주1) 롯데글로벌로지스는 롯데로지스틱스에서 사명을 변경
주2) 롯데카드 및 롯데손해보험은 2019년 11월 롯데그룹 계열사에서 제외

롯데그룹 계열사 이외에 ISO 37001 인증을 취득한 대기업은 현대자동차그룹 계열사인 현대글로비스㈜가 있다. 현대글로비스는 종합 물류회사로 2018년 4월 한국표준협회로부터 인증을 취득했다.

한국 인정기구인 한국인정지원센터(KAB)가 운영하는 ICN(www.icin.or.kr)은 ISO 경영시스템 인증정보를 통합 제공하는 ISO 인증 포털 사이트이다. 이 사이트를 통해 한국인정지원센터(KAB)에 등록된 인증기관뿐 아니라 외국계 인증기관의 인증현황도 조회할 수 있다. 이 포털 사이

트를 통해 확인한 2020년 3월 현재 국내에서 활동하는 인증기관(CB)은 약 194개이다. 이들 인증기관을 인정한 인정기구는 국내 KAB뿐만 아니라 미국 ANAB 및 IAS, 영국 UKAS, 일본 JAB 등 다양하다. 많은 인증기관들 중에서 ISO 37001 인증을 취급하는 인증기관은 아직 많지 않은 편이다. 인증기관 입장에서는 인증 발행건수가 많은 메이저 규격이 아니기 때문이다. 만약 협력업체의 ISO 경영시스템 인증 보유 여부를 확인하거나, 자기 회사의 인증 유지 현황을 확인하고자 할 경우 이 사이트를 이용하면 된다.

ISO 37001의
효용

많은 효용(benefits)은 ISO 37001에 따라 부패방지 프로그램을 설계, 이행, 유지하는 것과 관련이 있다. 이러한 효용 중 일부는 경쟁우위나 이사회 수준의 보증과 같은 개념과 관련이 있다. 하지만 가장 중요한 효용을 강조하는 것이 중요하다. 즉 효과적으로 고안된 부패방지 프로그램은 부패리스크를 줄인다. 이 표준은 비즈니스에 좋을 뿐 아니라 임직원과 이해관계자들 그리고 지역사회를 위해 좋다. 그리고 자유시장(free market)에도 좋다.

그 외 다음과 같은 효용들이 있다.

첫째, ISO 37001의 인증은 적절하고 효율적이며 효과적으로 설계된 부패방지의 통제와 프로세스가 의도한 대로 운영되고 있음을 **관리 당국에 보장하는 데 도움**이 된다. 이는 관리 당국이 조직 내에서 시행 중인 컴플라이언스 프로그램의 내용과 운영에 대해 알아야 할 의무를 충족하는 데 도움이 된다.

둘째, ISO 37001에 따른 부패방지 프로그램을 설계하고 이행하는 것은 법 위반이나 규제 조회, 집행 조치나 조사가 있으면 **방어하는 데 도움**이 될 것이다. ISO 37001은 부패리스크를 관리하기 위한 포괄적인 end-to-end 프레임워크를 제공하며, 광범위한 문서화의 수립과 유지를 요구한다.

셋째, ISO 37001의 핵심은 경영시스템(management system)이다. 시간이 지남에 따라, 경영시스템은 조직이 원활하고 효율적이며 효과적으로 운영되도록 도와왔다. 이러한 경영시스템은 조직의 **전략적 목표를 달성하기 위해 상호 연관된 운영 측면을 관리하는 데 도움**이 된다. ISO 37001은 조직이 부패리스크를 개별적이거나 세분된 방식으로 관리하지 않고, 부패방지 리스크 관리 노력을 조직하거나 간소화하거나 최적화할 수 있도록 돕는다.

넷째, 컴플라이언스는 조직에서 하나의 여정(旅程)이다. 성숙하고 최적화된 컴플라이언스 프로그램을 보유한 가장 잘 확립된 조직도 ISO 37001의 적층적 측면을 컴플라이언스 프로그램에 통합하여 프로그램을 한 단계 발전시키는 효용을 얻을 수 있다. **새로운 조직이거나 더 젊고 빠르게 성장하는 조직도 ISO 37001의 혜택을 받을 수** 있다. 프로그램의 프레임워크는 리스크 관리를 유용하고 효과적인 방법으로 도울 수 있기 때문이다. 이는 젊은 조직이 자본을 조달하거나 기업공개(IPO)에 착수할 때 가치가 있다.

다섯째, 부패와 관련된 집행조치의 75% 이상이 제삼자의 위법행위와 관련되어 있다는 것은 비밀이 아니다. 수년 동안 미국에 기반을 둔 일부 글로벌 기업은 비즈니스를 하면서 제삼자와 관련하여 부패방지 프로그램을 개발하고 구현하기 위해 노력하고 있다. 그러한 노력은 미국 중심이고 FCPA에 초점을 맞추고 있는 것으로 보여지기 때문이다. ISO 37001은 조직의 본사가 어디에 있고, 그들의 제삼자가 어디에서 비즈니스를 하는지 **장소에 상관없이 부패리스크를 관리하는 공통적인 글로벌 접근방식을 확립**한다.

여섯째, 연구에 따르면, 시간이 지남에 따라 **조직은 사업을 하는 조건으로 ISO 37001 인증을 요구하기 시작할 수** 있다고 한다. 따라서 ISO 37001 인증을 받지 않은 조직, 계약자, 공급업체 및 컨설턴트는 경쟁에서 불이익을 받게 된다. 이와 유사하게 **공공부문은 조만간 정부계약에 입찰하는 조직에 ISO 37001 인증을 요구할 수** 있다. 인증을 취득하지 않은 기관들은 정부계약에 있어 경쟁적으로 불리한 입장에 놓이게 될 것이다.

일곱째, ISO 37001이 입찰 요건이 아닐 때도 ISO 37001 인증을 취득한 조직은 국제적으로 인정된 표준에 따라 부패방지 프로그램을 설계했으며, 프로그램을 독립적으로 인증 받았음을 조달 조직에 입증할 수 있을 것이다. 이는 인증을 취득한 조직이 인증을 취득하지 않은 조직보다 **비즈니스 경쟁에서 경쟁우위를 확보하는 데 도움**이 될 수 있다.

마지막으로, ISO 37001 인증을 취득한 조직은 윤리 및 컴플라이언스 커뮤니티에서 주목받을 것이다. ISO 37001 인증을 취득한 조직은 윤리 및 컴플라이언스 기능을 통해 **최고의 인재를 유치하고 유지할 수** 있을 것이다. 조직 가치, 지속가능한 성장전략, 강력하고 의미 있는 리스크관리 관행에 대한 진정한 의지를 보여주는 조직에 역동적이며 미래 지향적인 전문가들이 몰릴 것이다.

◆ ISO 37001의 효용

> 01. 관리당국에 보장
> 02. 조사 시 방어(Defense) 제공
> 03. 핵심은 경영시스템
> 04. 컴플라이언스 프로그램을 한 단계 발전, 젊은 조직의 자본 조달 및 IPO에 유리
> 05. 장소와 관계없이 공통적인 글로벌 접근방식 확립
> 06. 사업 조건으로 인증 요구, 공공부문은 인증 요구
> 07. 경쟁우위 확보
> 08. 최고 인재 유치 및 유지

ISO 37001의
장단점[25]

▶ ISO 37001의 장점(Pros)

ISO 37001은 조직이 부패방지경영시스템을 구현하거나, 이미 보유하고 있는 통제를 강화하도록 설계되었다. 이것은 **부패의 발생 리스크를 줄이는 데 도움**이 된다. 또한 조직이 국제적으로 인정된 모범사례인 부패방지 통제를 시행하고 있다는 것을 조직의 경영진, 직원, 주주, 투자자, 고객, 공급업체 및 비즈니스 관계자들에게 증명할 수 있다.

조직은 자신의 주요 계약자와 공급업체, 컨설턴트들에게 사전 자격요

---

25 Implementing ISO 37001 alongside a fully implemented compliance program, Segev Shani, Crescenzi. Compliance & Ethics Professional August 2019, 2019.

건과 공급망 승인과정의 일환으로 **ISO 37001 준수 증거를 제공하도록 요구**할 수 있다.

조직과 관련된 뇌물죄 수사의 경우, 조직이 뇌물죄를 막기 위해 **합리적인 조치(reasonable step)를 했다는 증거를 검찰이나 법원에 제공하는 데 도움**이 된다. 따라서 그것은 기소를 피하거나 양형 결과를 경감하는 데 도움을 줄 수 있다.

▶ ISO 37001의 단점(Cons)

표준은 기업마다 규모, 지역, 상업 분야 등에 따라 상황이 달라지기 때문에 지나치게 구체화할 수 없다. 그동안 ISO 37001은 **그다지 구체적(specific)**이지 않다는 비판을 받아 왔다.

ISO 37001은 비록 조직이 그러한 활동을 포함하기 위해 경영시스템의 범위를 확장하는 것을 선택할 수 있다. 하지만 **사기, 카르텔 및 기타 반독점 및 경쟁범죄, 돈세탁 또는 부패 관행과 관련된 활동을 구체적으로 다루지는 않는다.**

ISO 37001의 구현 및 인증에는 조직의 추가적인 자원이 필요하며, 현재의 모범 사례(best practice)를 다루지 않을 수 있다. **인증서가 발행되면 이미 시대에 뒤떨어진(out-of-date) 것일 수 있다.** 기업의 리스크, 인사, 프로그램은 끊임없이 변하기 때문이다.

◆ ISO 37001의 장단점

장점(Pros)	단점(Cons)
- 뇌물 발생 리스크 감소 - 조직은 계약자 등에게 사전 인정 및 공급망 승인의 일환으로 37001 준수 증거를 제공하도록 요구 가능 - 조직의 합리적 조치에 대한 증거 제공	- 구체적이지 않다 - 범위를 확장할 수 있으나, 사기 등 관련 활동을 구체적으로 다루지는 않는다. - 인증은 현재 모범 사례를 다루지 않을 수 있다. 인증이 발행되면 이미 시대에 뒤떨어진 것(out of date)일 수 있다.

▶ 인증 리스크 사례

이탈리아 국립석유공사 ENI는 2017년 1월 ISO 37001 인증을 취득했다. ENI는 2009년 '포춘 글로벌 500' 기준 매출액 175조 원의 세계 17대 대기업이다. ENI는 이탈리아를 떠나 **세계에서 가장 먼저 ISO 37001 인증을 획득**했다. 하지만 2017년 2월 Financial Times는 ENI의 CEO가 국제 부패 혐의로 검찰에 기소되었다는 사실을 전했다. ENI의 CEO는 2011년 나이지리아 탐사 면허 취득과 관련하여 검찰 조사를 받은 끝에 이탈리아 검찰로부터 국제 부패 혐의로 기소되었다는 내용이었다. 공교롭게도 ENI가 이탈리아 최초로 ISO 37001 인증을 취득했다고 보도자료(press release)를 배포하고, 얼마 되지 않아 CEO가 부패 협의로 구속됨에 따라 ISO 37001의 인증리스크가 이슈가 되기 시작했다.

국내 제약사들의 경우에도 최근 ISO 37001을 인증을 취득하고 나서 리베이트 사건이 발생하고 있어 부실인증에 대한 논란이 제기되기도 했다.

하지만 기업이 ISO 37001 표준을 준수했다고 항상 부패 이슈가 발생하지 않았음을 확신할 수 있을까? 안전관리시스템이 사고를 예방할 수 있다는 절대적인 확신을 줄 수 없듯이 부패방지경영시스템 표준 또한 마찬가지다. 하지만 기업들이 **새로운 표준을 준수하면 부패를 방지하기 위한 적절한 장치들이 마련되어 있다는 확신을 얻을 수는** 있다. 인증리스크에도 불구하고, 부패방지경영시스템을 도입하고 인증을 취득하는 것은 나름 큰 의미가 있다[26].

기업이나 기관이 ISO 37001 인증을 받았다는 것이 그 조직에 **부패가 전혀 없다거나 부패 발생 위험이 전혀 없다는 의미는 아니다.** 이러한 내용은 ISO 37001에도 명시되어 있다. 그러나 부패방지법 시행과 관련하여 많은 조직이나 이해관계자가 적절한 절차에 관한 요건들을 보다 체계적으로 반영한 구체적 기준이 필요하다. 이를 효율적이고 효과적인 첫걸음은 바로 ISO 37001이다.

---

26 뇌물을 뿌리 뽑는 표준, S-Life, 국가기술표준원, 2015 JANUARRY+FEBRUARY Vol.152, 25면

인증 준비

▶ 준비상태 평가

ISO 37001 인증을 위한 노력과 마찬가지로 ISO 37001 인증을 위한 노력은 상당한 과제다. 그것은 상당한 수준의 시간과 자원 및 문서화(documentation)를 포함한다. 인증과정에 대비하기 때문에 인증과정을 효율적이고 성공적으로 거치는 조직도 있다. 다른 조직에서는 인증을 위한 두세 번의 시정조치가 요구되는 부적합사항의 발견을 경험한다.

인증에 대한 노력 수준을 고려할 때, 일부 조직은 ISO 37001 **준비상태 평가**(readiness assessment)를 수행하기로 한다. 이것은 조직이 ISO 37001에 명시된 프레임워크와 기대 및 지침에 따라 조직의 부패방지 프로그램의 현재 상태를 평가하는 데 도움이 된다.

준비상태 평가는 조직이 현재 잘하고 있는 작업과 개선 기회가 있을 수 있는 위치를 파악하는 데 도움이 된다. 또한 조직이 인증 프로세스에 필요한 문서를 통합하는 데 도움이 된다.

ISO 37001 인증 취득을 원하지 않는 조직도 단순히 건강하고 가치 있는 실행이라는 이유만으로 준비상태 평가를 수행한다. 그들은 다음과 같은 이유로 준비성 평가를 수행한다.

- 전략적이고 전술적인 수준에서 프로그램을 향상하기 위한 기준(baseline)을 설정
- 프로그램을 주기적으로 평가해야 한다는 기대를 충족시키는 데 도움을 제공
- 다른 지침의 프레임워크(예: 미국 연방 양형 가이드라인)에서 제시된 기대치를 충족

▶ 인증 취득을 위한 준비

인증 프로세스에는 컨설턴트, 인증심사원, 인증기관과 같은 세 당사자가 참여한다.

컨설턴트	인증심사원	인증기관

▶ 컨설턴트

ISO 37001의 실행을 위해 컨설팅을 제공하는 글로벌 컨설팅 펌 (consulting firm) 현황은 다음과 같다

활동지역	컨설팅 펌
영국	Interchange Solution Limited / Spark Compliance Consulting (London)
미국	Governance & Compliance Initiatives LLC / ISO 37001 Information Initiative Spektrum / STEER / Spark Compliance Consulting (Atlanta, Los Angeles)
스위스	STEER
이탈리아	Ciro Strazzeri / Gruppo Strazzeri / Gruppo RES / ARTEA S.r.l / AD&D Consulting / Studio Catenacci / Pricewaterhouse Coopers Advisory S.p.A.
인도네시아	Integrity Indonesia / ISO 37001
말레이지아	KM Loi & Associates Sdn. Bhd / Trident Integrity
International	Deloitte / Ernst & Young / KPMG

출처 : www.parola.co.uk

공공기관의 부패방지경영시스템(ISO 37001) 구축 및 인증 컨설팅 현황을 조달청 나라장터 등에서 살펴보면 ISO 37001 인증 컨설팅을 진행하

는 컨설턴트들은 아래와 같이 분류된다.

- 컴플라이언스 관련 기관(예를 들면 한국공정경쟁연합회)
- 당초 품질경영시스템(QMS)이나 환경경영시스템(EMS) 등 경영시스템 인증 분야에서 활동하던 심사원
- 기존에 경영시스템 인증 분야에서 활동하던 컨설팅펌들
- 컴플라이언스팀을 갖춘 대형 로펌

국내의 경우 컨설턴트 풀(pool)이 많지 않은 편이며, 컨설팅 경험이 많은 컨설턴트들도 부족한 실정이다. 영국과 미국의 경우 글로벌 기업에서 사내변호사(In-house lawyer)로 활동하던 변호사들이 부티크 컨설팅 펌 형태로 ISO 37001 인증 컨설팅을 포함한 전반적인 컴플라이언스 컨설팅을 제공하고 있다. ISO 37001 인증 취득을 위한 사전 컨설팅의 필요성에 대해서는 논란이 있으나, **충분한 경험과 지식이 있는 컨설턴트를 통한 체계적인 컨설팅은 필요**해 보인다. 컨설팅은 조직이 경영시스템을 구축하는 데 가장 중요한 출발점이 될 수 있다. 경영시스템을 구축하는데 다소 시간이 걸리더라도 조직에 필요한 사항을 조언하고 개선사항을 발견해주는 컨설턴트를 선임해야 한다. 앞으로는 국내에서도 ISO 37001 **심사원 자격을 취득한 변호사들이 인증 컨설팅 시장에 참여할 것으로 예상**된다.

▶ 인증심사원

현재 ISO 37001 분야에서 심사를 하는 인증심사원들은 아래와 같이
분류된다.

- 당초 품질경영시스템(QMS)이나 환경경영시스템(EMS) 등 경영시스템 인증
  심사 분야에서 활동하던 심사원들이 자격확대를 통해 ISO 37001 심사원
  이 된 경우
- 대기업의 법무, 컴플라이언스, 공정거래자율준수프로그램(CP), 감사업무경
  력자 중 신규로 ISO 37001 인증심사원 자격을 취득하여 ISO 37001 심사
  원이 된 경우
- 로펌 또는 법률사무소에 근무하는 변호사가 컴플라이언스 관련 자문 및
  컨설팅을 위해 ISO 37001 심사원 자격을 취득한 경우

인증심사원은 개인심사자격인증기관(Personnel Certification Body:
PCB)에서 승인을 받은 연수기관(Training Provider: TP)에서 교육을 수료
하고 소정의 시험에 합격하여야 인증심사원 자격을 취득할 수 있다.

국내 주요 개인심사자격인증기관(PCB)은 크게 다음과 같이 구분된다.

해외 Sheme	국내 Scheme
• GPC인증원(Global Personnel Certification) • 이그잼플러 글로벌(Exemplar Global)	• 한국심사자격인증원(KAR) • 피씨에이에이(PCAA)

출처: 한국표준협회 2019년 소개자료

국내 개인심사자격인증기관(PCB)인 한국심사자격인증원(KAR)과 피씨에이에이(PCAA)가 승인한 ISO 37001 연수기관(TP)은 다음과 같다. 대부분 인증기관(CB)이 연수기관(TP)을 같이 운영하고 있다. KAR와 PCAA는 국내 인정기구인 KAB로부터 인정을 받았다.

KAR 승인 ISO 37001 연수기관	PCAA 승인 ISO 37001 연수기관
• 한국표준협회 • 한국품질재단 • 로이드인증원 • 에스비씨인증원 • KSR인증원	• 한국경영인증원

출처: KAR website 및 PCAA website

외국계 개인심사자격인증기관(PCB)이 승인한 주요 ISO 37001 연수기관은 다음과 같다. GPC는 미국 인정기구인 IAS로부터, IQCS는 캐나다 인정기구인 SCC로부터 각각 인정을 취득했다.

GPC 승인 ISO 37001 연수기관	IQCS 승인 ISO 37001 연수기관
• ITS인증원 • 한국컴플라이언스아카데미㈜	• 한국컴플라이언스인증원

▶ 인증기관

인증기관은 ISO 37001의 인증심사를 위하여 세부 요건을 충족해야 한다. 이러한 요건은 **ISO/IEC TS 17021-9**에 규정되어 있다. ISO/IEC TS 17021-9:2016은 ISO/IEC 17021-1의 기존 요건을 보완한다. 그것은 부패방지경영시스템(ABMS)의 인증 과정에 관련된 인력에 대한 구체적인 역량 요건을 포함하고 있다.

ISO/IEC TS 17021-9는 ISO 37001의 내용을 심도 있게 이해하기 위해서는 필수적으로 검토해야 할 내용이다. 그중에서 5.2항에서 심사자는 직간접 지급, 급행료, 비재무적 이익이나 관점, 이해상충 등 뇌물수수 관련 지식을 가지고 있어야 함을 명시하고 있다. 이와 관련한 지식의 성격은 이론적 지식이기보다는 **실무 경험을 통한 지식**으로 이해된다. 향후에는 **인증심사원의 전문성 요건을 크게 강화해 부실인증심사 리스크를 줄여야** 할 것으로 보인다[27].

2019. 3월 기준 총 9개 인증기관이 한국인정지원센터(KAB)로부터 인정을 획득했다. 인증기관 현황은 아래와 같다.

---

27 글로벌 윤리규범 ISO 37001 실제적 이해, 조창훈, 한국윤리경영학회, 2018.

◆ 한국인정지원센터(KAB) 인정 국내 ISO 37001 인증기관 현황

인증기관명	주소	홈페이지
케이에스알인증원 (KSR)	서울 구로구 디지털로34길 55, 1106호 (구로동, 코오롱싸이언스밸리 2차)	www.ksr-qes.com
한국품질재단 (KFQ)	서울 금천구 가산동 가산디지털1로 168번지(가산동) 우림라이온스밸리 B동 13층	www.kfq.or.kr
한국경영인증원 (KMR)	서울 영등포구 경인로 775(문래동 3가) 에이스하이테크시티 1동 1204호	www.ikmr.co.kr
한국컴플라이언스 인증원 (KCCA)	서울 금천구 벚꽃로 254 월드메르디앙벤처센터 1113-2호	Kcca.biz
한국표준협회 (KSA)	서울 강남구 테헤란로 305	www.ksa.or.kr
기술사인증원 (SPEC)	서울 금천구 가산디지털1로 226 에이스하이엔드타워 5차 605호	www.spec.co.kr
에스비씨인증원 (SBCR)	서울 금천구 벚꽃로 254, 702 (월드메르디앙벤처센터)	www.sbcr.co.kr
한국생산성본부인증원 (KPCQA)	서울 중구 세종대로 39, 12층 (남대문로4가 상공회의소회관)	www.kpcqa.or.kr
로이드인증원 (LRQA)	서울 영등포구 여의나루로 67, 17층	www.lr.org/kr

상기 국내 인증기관으로부터 ISO 37001 인증을 취득한 국내 조직은 2019년 6월 말 기준으로 약 104개사로 추정된다. 최근에는 국내 진출한 외국계 인증기관인 미국계 GIC인증원과 영국계 BSI인증원 및 로이드인증원으로부터 인증을 취득한 국내기업도 늘어나고 있다.

▶ 인증심사 프로세스

인증심사를 위한 대략적인 절차는 다음과 같다. 인증심사는 크게 1단계 문서심사와 2단계 현장심사로 구분된다.

시스템 구축 → 심사계획 수립 → **1단계 심사(문서심사)** → **2단계 심사(현장심사)** →
검증심의 → 인증 등록 → 인증서 발행 → 사후심사(1년) → 갱신심사(3년)

인증은 두 단계의 심사를 거쳐 인증서를 발급한다. 인증프로세스는 ISO에서 정한 기준이 있어 어느 국가의 인증기관(CB)이든 동일한 프로세스로 심사가 이루어진다. 인증프로세스는 1단계 심사와 2단계 심사로 나뉘어 진다.

1단계 심사에서는 조직의 경영시스템 수립 및 운영현황을 파악하고, 2단계 심사를 받을 준비가 되어 있는지 확인한다. 또한 2단계 심사일정 등 심사 관련 사항을 확정하기 위해 주요 인원과 면담을 실시한다.

2단계 심사에서는 조직의 경영시스템 적합성, 실행 및 효과성 등에 대해 평가를 실시한다. 전체 인증프로세스에서 2단계 심사가 인증심사의 본체라고 할 수 있다. 인증심사에 참여한 심사원은 2단계 심사결과에 따라 인증기관(CB)에 인증서 발급 여부를 추천하게 된다. 인증기관(CB)

은 2단계 심사 결과에 근거하여 내부 절차에 따라 인증 여부를 결정한다. 다수의 인원이 참여하는 위원회를 통해 심의하고 인증서 발급 여부를 결정하게 된다.

인증기관(CB)은 인증서 유효기간 동안 정기적으로 인증조직을 방문하여 **사후심사**를 실시한다. 사후심사의 목적은 조직의 시스템 유지관리 실태를 조사하기 위해서다. 3년의 인증서 유효기관이 경과되면 이를 연장하기 위하여 최초 인증심사와 동일한 방식으로 **갱신심사**가 이루어진다. 갱신심사 절차는 최초 심사와 동일하나, 심사일수는 최초심사의 2/3내지 3/4정도로 산정된다.[28].

인증기관이 실시하는 인증심사의 세부절차를 살펴보면 다음과 같다[29]

◆ 인증심사 세부절차

절차	내용
상담/제안	신청조직이 인증심사 범위와 대상 등 전반적인 내용에 대해 인증기관 상담하고, 인증기관은 신청조직에 제안한다.
인증신청	신청조직이 인증심사신청서를 작성하여 인증기관에 제출하고, 인증기관은 신청서와 관련자료를 검토한다.
계약체결	인증기관이 인증심사신청서를 검토 후 수락하여 인증계약서를 체결한다.

28 품질경영시스템을 위한 24가지 포인트, 박지혁, 한국표준협회미디어, 2018
29 ISO 37001 인증안내서, 한국컴플라이언스인증원, 2017.

최초심사	예비심사	신청조직이 1단계 심사 전 인증 준비상태에 대한 점검을 받기 위하여 실시하는 단계이다. 신청조직의 요청에 따라 실시한다. 신청조직의 선택사항으로, 예비심사는 본 심사에 영향을 미치지 않는다.
	1단계심사	신청조직의 경영시스템을 문서화한 정보를 검토하고, 사업장 상태를 평가하며, 2단계 심사를 위한 준비상태 점검을 위하여 실시하는 심사단계이다.
	2단계심사	신청조직의 경영시스템에 대한 실행 및 효과성을 평가하는 심사단계이다.
시정조치		인증심사과정에서 도출된 부적합사항에 대한 원인을 제거하고, 재발을 방지하기 위한 조치를 취하는 단계이다.
확인심사		부적합에 대한 시정조치가 적격하게 이루어졌는지를 확인하는 심사단계이다. 서면 또는 현장방문을 통해 이루어진다.
인증결정		심사보고서를 토대로 인증 여부를 결정하는 단계이다. 심사과정 전체에 대한 검증을 인증기관 내부적으로 실시한 후, 심의위원회에 상정하여 인증 등록 여부를 결정한다.
인증서 발급		인증등록이 결정된 조직에 대해 인증서를 발급하는 단계이다. 인증서는 3년 동안 효력이 유지된다.
사후관리심사		인증 유효기간 동안(인증서 발급 후 3년 동안) 인증자격을 유지하기 위하여 정기적으로 받아야 하는 심사단계이다. 6개월 또는 **1년 주기**로 사후관리심사를 실시한다.
갱신심사		인증자격을 계속 유지하기 위하여 인증서 **유효기간이 만료되기 전**에 인증을 갱신받고자 할 경우 받아야 하는 심사단계이다. 갱신심사는 최초심사와 동일한 절차에 준하여 실시한다.

ISO 37001의 단계별 인증절차의 내용을 정리하면 다음과 같다.

◆ ISO 37001 인증 및 사후관리 절차

구분	최초인증	사후심사1	사후심사2	갱신심사
의미	부패방지를 위한 ISO 37001의 기본 요건 확인	부패방지경영시스템의 실질적 운용 확인		최초 인증된 시스템의 개선 및 유효한 운영여부 심사
기한		(최초) 인증 1년 이내	사후심사1 1년 이내	(최초) 인증 3년 이내.
절차	1차 심사 (문서심사) → 2차 심사 (인터뷰) → (최초)인증	심사→인증유지	심사→인증유지	1차 심사 (문서심사) → 2차 심사 (인터뷰) → 인증갱신
심사인력	12MD ※ 종업원 수에 따라 상이	4MD (최초인증의 1/3)	4MD (최초인증의 1/3)	8MD (최초인증의 2/3)
심사범위	적용범위 전체	최초인증의 1/3	최초인증의 1/3 (사후심사1 제외)	최초인증의 2/3 (나머지 1/3 포함)
심사목적	시스템의 표준과의 적합성 및 유효성 확인	시스템의 실질적 운용을 확인		인증 유효기간 연장. 최초 인증 후 시스템 개선 및 운용 확인
비고	중부적합 시 인증 심사정지	사후심사 미실시 시 인증정지 및 회사 공개		미실시 경우 인증취소 및 회사 공개

출처: 한국제약바이오협회
주) MD : Man/Day의 약자로 심사원 1인/1일 기준을 의미함

▶ 인증을 위한 조직의 준비사항

　인증 취득을 위해서는 최고경영자의 관심과 현업부서의 참여가 매우 중요하다. 무엇보다도 인증 취득을 위해서는 **표준 규격의 요구사항을 명확히 이해하는 작업이 선행되어야** 한다. 인증 취득을 위해 조직이 준비해야 할 사항들을 아래와 같다.

- 최고경영자 및 부문 책임자의 지속적 관심 (리더십)
- 각 진행 단계별 의사소통을 위한 업무 지원 및 협조 (회의, 교육, 감사 등 참여문화)
- 리스크 평가 및 추진계획 수립에 따른 각 부서의 업무 적극 적용 (문제해결)

- 업무 절차의 준수 및 이행 (제/개정 규정의 준수)
- 이행 시 문제점 개선 및 보완 (규정의 개정)
- 인증 획득을 위한 **규격의 요구사항 이해 (경영시스템 인식)**
- 인증추진 TFT 구성 (준법지원 주관부서 및 부서별 담당자)

제**5**장

향후 전망

컴플라이언스 관련
표준 동향

컴플라이언스와 관련이 있는 경영시스템 표준으로는 ISO 37001뿐만 아니라, ISO 19600(Compliance Management System), ISO 26000(Social Responsibility) 그리고 ISO 31000(Risk Management)가 있다.

◆ 컴플라이언스 관련 경영시스템 표준

▶ ISO 19600 (Compliance Management System)

ISO 37001 국제표준이 영국표준 BS 10500을 근거로 제정되었다면, ISO 19600은 호주 표준 AS 3806을 모델로 ISO가 작성한 국제표준이다. 이 국제표준은 준법경영과 윤리경영을 폭넓게 포함하고 있다.

이 국제표준은 ISO 37001과 마찬가지로 PDCA구조를 채택하고 있다. 2009년 호주표준협회에 의해 ISO 표준 작업으로 제안되었고, 2012년 12월 ISO 표준화 작업으로 채택되어, 2014년 12월 ISO 19600으로 공표되었다. ISO 19600은 비(非)인증 표준으로 현재 ISO가 ISO 37301로 새로운 번호를 부여하여 인증표준으로 현재 개발 중에 있다.

ISO 19600은 다음과 같이 계속적 개선원칙(계획, 실행, 검토, 행동)에 근거를 두고 있다.

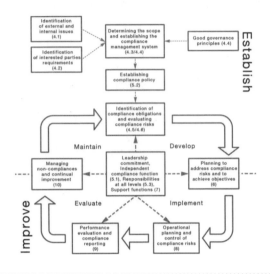

출처 : ISO website

이 국제표준은 ISO가 경영시스템을 위한 국제표준들 간의 연계를 증
진하기 위해 개발한 **HLS를 채택**하였다. 컴플라이언스 경영시스템에 대
한 일반적인 지침을 추가하여 이 국제표준은 어떠한 경영시스템에서든
지 특정한 컴플라이언스에 관련된 필수 요구사항의 시행에 도움을 주기
위한 프레임워크를 제공한다. 경영시스템 표준이나 컴플라이언스 경영
프레임워크를 채택하지 않고 있었던 기업은 기업 내 독자적인 지침으로
이 국제표준을 쉽게 채택할 수 있다.

이 국제표준은 다른 경영시스템에서 컴플라이언스 관련 필수 요구사
항을 향상하는 데 적합하며 기업의 모든 컴플라이언스 의무들의 전체

적인 관리를 개선하는 데 도움이 된다. 이 국제표준은 기업 내에 존재하는 경영시스템, 예를 들면 ISO 9001, ISO 14001, ISO 31000 등과 결합될 수 있다.

효과적인 기업의 전체적 컴플라이언스 경영시스템은 결과적으로 좋은 지배구조와 베스트 프랙티스, 윤리와 지역사회의 기대뿐만 아니라 입법적 요구사항, 산업규약, 기업의 기준 등을 포함하는 관련 법률 준수에 대한 기업의 확약을 증명하게 될 것이다. 많은 국가에서 법원은 관련 법률 위반에 부과할 적당한 제재를 결정할 때에 기업의 컴플라이언스 경영시스템을 통한 컴플라이언스에 대한 기업의 확약을 고려한다. 그러므로 규제기관 및 사법부는 제재 시 참작의 기준으로 이 국제표준을 활용할 수 있다.

▶ ISO 26000 (Social Responsibility)

2010년 ISO는 기업의 사회적 책임에 대한 국제표준 ISO 26000을 제정, 공표했다. 사회적 책임이 국제표준으로 제정된 것은 표준 역사에서 **코페르니쿠스적 전환**이라고 할 수 있다[30]. 국제사회가 제품 및 기술 중심이었던 전통적인 표준에서 서비스, 프로세스, 시스템뿐 아니라 사람과 조직의 가치, 윤리, 책임 등이 중심인 표준을 만들어낸 것이다.

●
30 정택진 외, **ISO 26000 사회적 책임, 글로벌 스탠더드로 실행하라**, 한울(2013).

이는 1995년 세계무역기구(WTO) 체제하 무역에 관한 기술장벽협정
(WTO/TBT협정)의 체결로 시작된 **패러다임의 대전환**이다. 이제 국제표준
은 기술과 제품 중심의 기준에 그치지 않는다. 국가, 기업, 조직 및 사람
의 의식과 행동, 관행 등에 대한 국제규범으로까지 자리매김한 것이다.

◆ 표준의 패러다임 전환

1995년 이전	1995년 이후
국가표준 중심	글로벌 스탠더드 중심
품질 중심	환경, 안전, 보건 중심
제품 및 기술 중심	프로세스 및 시스템 중심
소비자 중심	모든 이해관계자 중심
규제 및 보호 중심	투명, 책임, 자율 중심

출처: ISO 26000 사회적 책임, 글로벌 스탠더드로 실행하라, 정택진 외, 한울, 2013, 32면

ISO 26000은 다른 국제표준을 포괄하는 **상위 개념의 표준**이라고 할
수 있다. 여러 가지 이유로 조직의 사회적 책임에 대한 관심이 높아졌다.
ISO 26000의 **실행은 점차 증가할 것으로 예상**되며, 이해관계자들에게
신뢰를 주는 가장 중요한 수단으로 활용될 것이다[31].

ISO 26000은 조직의 사회적 책임 이행을 위해 조직에 사회적 책임을
통합하는 방법에 대한 가이던스이다. 그동안 국내 산업계는 ISO 26000

●
31 노한균, ISO 26000을 통해 사회책임 살펴보기, 박영사(2011).

이 경영시스템 인증표준이 아니기 때문에 ISO 26000을 중요하게 받아들이지 않고 거의 **무관심하거나 관망하는 자세(wait & see mode)**를 취해왔다. 일부 기업은 ISO 26000 이행 수준 자가진단 Checklist를 사용하기도 하였다. 국내 기업들은 상생협력, 윤리경영, 준법경영, 유엔글로벌콤팩트 회원 가입, 사회적 기업, 사회공헌 관련 기부나 이벤트 형태의 행사에 관심이 있었다. GRI 가이드라인 중심의 지속가능보고서 발간에 관심이 조금 있고, 보고서의 내용에 ISO 26000 내용 중 선택적으로 포함했다.

　ISO 26000의 전체 구성을 살펴보면 아래와 같다.

◆ ISO 26000 구성

절	국문 제목	영문 제목
	서론	Introduction
1	범위	Scope
2	용어와 정의	Terms and definitions
3	사회책임에 대한 이해	Understanding SR
4	사회책임의 원칙	Principles of SR
5	사회책임 인식과 이해관계자 참여	Recognizing SR and engaging stakeholders
6	사회책임 핵심 주제 지침	Guidance of SR core subjects
7	조직 전반에 걸친 사회책임 통합 지침	Guidance on integrating SR throughout organization

	부속서	Annex
	문헌목록	Bibliography

ISO 26000의 사회적책임 핵심 주제는 다음과 같이 7개로 나뉜다.

◆ 사회적책임의 7대 핵심 주제

1. 조직 가버넌스(organizational governance)
2. 인권(human rights)
3. 노동관행(labour practices)
4. 환경(the environment)
5. **공정운영관행(fair operating practice)**
6. 소비자 이슈(consumer issue)
7. 지역사회 참여와 발전(community involvement and development)

ISO 26000에 따르면 7개 사회적책임 주제란 가장 일어나기 쉬운, 따라서 조직이 다루는게 바람직한 경제, 환경, 사회 영향을 말한다. 이러한 핵심주제들은 서로 관련이 있고 서로를 보완하기도 하는 상호의존성(interdependence)이 있다.

첫번째 주제인 '조직 가버넌스'만이 나머지 6개 핵심주제와 성격이 다르다. 하지만 조직 가버넌스는 조직이 다른 핵심 주제와 이슈에 대한 행동을 취하고, ISO 26000 4절의 사회적책임 원칙을 실행하도록 도와준다.

7가지 핵심 주제 중 '공정운영관행'에는 5가지 이슈가 있다. 그 중 하나가 '반부패'에 관한 내용이다. ISO 26000이 정의하는 부패(corruption)는 "사적인 이득을 위해 위임받은 권력을 남용하는 것"이다. ISO 26000의 '반부패' 이슈에 관한 상세한 내용은 다음과 같다.

- 업무 절부패는 다양한 형태를 취할 수 있다. 공직자 또는 민간부문 사람이 개입된 증·수뇌, 이해상충, 사기, 돈세탁, 횡령, 은폐와 법집행 방해, 영향력 거래가 부패의 사례에 포함된다. (6.6.3.1)
- 부패를 예방하기 위하여 조직은 부패의 위험을 식별하고, 부패와 갈취(喝取)에 대처하는 정책과 관행을 실행하고 유지하는 게 좋다. (6.6.3.2)
- 조직의 임원진이 반부패에 대한 모범을 보이도록 보장하고, 반부패 정책의 실행을 위한 헌신, 독려 및 감독을 제공하는 게 좋다. (6.6.3.2)
- 증·수뇌와 부패를 근절하려는 조직의 피고용인과 대표가 노력할 때, 이들을 지원하고 훈련하며 진전에 대한 유인을 제공하는 게 좋다. (6.6.3.2)
- 보복의 두려움이 없이 보고와 후속행동이 가능한 체계를 채택함으로써 조직의 피고용인, 파트너, 대표, 그리고 공급자가 조직의 정책 위반과 비윤리적이고 불공정한 대우를 보고하도록 장려하는 게 좋다. 형사법 위반을 적절한 법 집행 당국에 알리는 게 좋다. (6.6.3.2)
- 조직의 피고용인과 대표, 계약자, 그리고 공급자에게 부패와 부패에 맞서는 방법에 대한 인식을 제고하는 게 좋다. 조직이 운영관계를 맺고 있는 다른 조직이 유사한 반부패 관행을 채택하도록 독려함으로써 부패에 반대하도록 일하는 게 좋다. (6.6.3.2)

상술한 ISO 26000의 반부패에 관한 내용은 ISO 37001의 요구사항과 맥을 같이 한다고 볼수 있다.

아래 표는 컴플라이언스와 관련된 경영시스템 표준(MSS)인 ISO 37001과 ISO 19600, ISO 26000의 표준 유형과 HLS구조의 채택 여부와 인증서 발행 여부를 비교한 것이다.

◆ 컴플라이언스 관련 경영시스템 표준

구분	ISO 37001 (ABMS)	ISO 19600 (CMS)	ISO 26000 (SR)
명칭	Anti-Bribery Management System (부패방지 경영시스템)	Compliance Management System (컴플라이언스 경영시스템)	Social Responsibility (사회적 책임)
문서 타입	Type A (경영시스템 요구사항 표준)	Type B (경영시스템 가이드라인 표준)	Management Standard (경영표준)
HLS 여부	HLS 구조	HLS 구조	HLS 구조 아님
인증서 발급여부	인증표준 (certifiable standard)	지침표준 (guidance standard)	

세 가지 표준의 관계도는 다음과 같다.

◆ 컴플라이언스 관련 ISO 표준 관계도

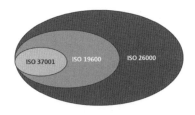

ISO37001 < ISO19600 < ISO26000
(부패방지) (준법) (사회적책임)

ISO 37001과 가장 관련성이 높은 ISO 19600과 요구사항 구조를 비교하면 다음과 같다.

◆ ISO 37001과 ISO 19600 요구사항 구조 비교

ISO 37001 요구사항 구조		ISO 19600 요구사항 구조	
4항 조직의 상황	이해관계자의 이해 부패 리스크 분석	4항 조직의 상황	이해관계자의 이해 리스크 분석
5항 리더십	최고경영자 및 이사 회 책임과 권한	5항 리더십	최고경영자의 방침 책임과 권한
6항 기획	리스크와 기회 조치 부패방지 활동 목표 및 계획 수립	6항 기획	컴플라이언스 활동 목표 및 계획 수립 리스크 조치 계획
7항 지원	역량 적격성 교육훈련	7항 지원	역량 적격성 훈련
8항 운영	아웃소싱 재무적 / 비재무적 관리 우려 제기	8항 운영	운영기획과 관리
9항 성과평가	모니터링 및 측정 내부심사, 경영검토	9항 성과평가	모니터링 및 측정 내부심사, 경영검토
10항 개선	부적합 시정조치	10항 개선	부적합 시정조치

출처: 한국경영인증원 세미나 자료, 2017

ISO 37301(Compliance Management System: CMS)의 개발 진행상황을 나타내는 Life cycle은 다음과 같다. 현재 진행상황으로 보아서는 2020년 10월경 발행될 것으로 예상된다.

LIFE CYCLE

A standard is reviewed every 5 years

| 00 | 10 | 20 | 30 | 40.20 Enquiry ⌄ | 50 | 60 | 90 | 95 |

출처: ISO 홈페이지

ISO 37301 인증 취득시 예상되는 이점을 정리하면 다음과 같다.

첫째, ISO 37301 표준의 이행을 통해 위법행위에 대한 **법적 위험(legal risk)이 감소**한다. 둘째, ISO 37301 인증은 **비즈니스 파트너 간의 신뢰를 향상**시키고, 법규 준수와 관련된 **리스크를 적절히 관리**할 수 있다. 셋째, ISO 37301 인증은 향후 법적 분쟁시 **컴플라이언스 경영의 강력한 증거**로 사용될 수 있다. 마지막으로, ISO 37301은 HLS구조를 채택하고 있어 ISO 9001(품질), ISO 14001(환경), ISO 45001(안전보건) 등과 같은 **기존 경영시스템과 손쉽게 통합 운영**할 수 있다.

ISO 37301 표준(안) 서문에 나와 있는 ISO 37301의 구조는 다음과 같다.

◆ ISO 37301 구조

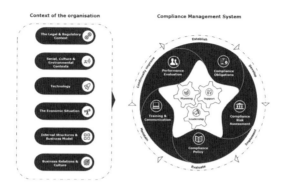

출처: ISO website

▶ 현재 개발 중인 ISO 경영시스템 표준 동향

현재 ISO는 아래와 같이 준법경영 전 범위에 걸친 국제표준을 개발 중이다.

- ISO 19600은 현재 2020년 인증 가능한 ISO 37301 표준으로 개발 중
- 내부고발자(Whistle-blowers) 보호를 위한 국제표준 개발 중
- 모범 지배구조 원칙 관련 국제표준 개발 중

비즈니스 파트너들의 요구가 잇따르면서 준법경영을 하지 않고서는 안 되는 시대적 상황에 이르렀다. 부패방지를 ISO 37001로 접근하면 한계가 있고, 컴플라이언스 전체로 확장해야 한다. **향후 ISO 19600이 인증 표준(certifiable standard)이 된다면 인증 취득이 확산할 것으로** 전망된다.

ISO 37001의
전망

    ISO 37001은 공공부문과 민간부문 모두에서 뇌물과 부패리스크를 관리하기 위한 경영시스템 및 컴플라이언스 프로그램의 프레임워크를 확립한다. ISO는 세계적인 부패 처결을 돕기 위해 이 표준을 발표했다. 부패는 수조 달러에 달하는 문제였다. **ISO는 표준은 개발했지만, 인증은 하지 않는다.** ISO 인증 프로세스는 인증기관(CB)이 관리하며, 국가별 상위기관인 인정기관(accreditation agency)에서 인정한다.

    ISO 37001이 근본적으로 새로운 것을 도입하는지 여부에 대해서는 논란의 여지가 있다. 하지만 ISO 37001은 그 존재 자체만으로도 전 세계적으로 부패방지 컴플라이언스 프로그램을 설계, 구현, 감사하는 방식에 더 큰 일관성(consistency)을 가져오는 데 도움이 될 것이다. ISO

37001 인증은 조직이 법 위반, 조사, 집행 조치에 직면할 경우 **조직이 방어(defense)하는데 도움이 될 것**이다.

전 세계 여러 정부가 이 새로운 표준을 채택하고 있으며, 여러 기관들이 인증을 받았다. 50개국 이상이 ISO 37001의 개발을 지지했기 때문에 **추가적인 국가들이 이 표준을 채택할 가능성이 있다.** 추가적인 인증 기관(CB)들이 인정을 받게 된다면, 다른 조직에서도 ISO 37001의 인증을 위해 노력할 가능성이 있다.

ISO 37001은 전 세계적으로 주목받고 있지만, 많은 조직이 ISO 37001 인증을 위해 노력하는 데 따른 **비용과 편익(cost-benefit)을 저울질하며 관망 모드(wait-and-see)로** 남아 있다. 한편 일부 조직들은 그들이 결국 인증을 취득하기로 결정한 경우나 그렇지 않더라도 그들의 부패방지 프로그램의 현재 상태를 더 깊이 이해할 수 있도록 하는 ISO 37001 준비 상태 평가(readiness assessment)를 수행하기로 선택할 것이다. 하지만 ISO 37001의 도입에는 **고민의 필요성이 없다.** 비용 대비 효과가 매우 크기 때문이다.

ISO 37001은 글로벌 시장에 진출하려는 기업에 **'무역여권'과 같은 역할**을 할 것이다. "형식이 실질을 만든다"는 말처럼 부패방지경영시스템의 도입과 운영은 분명 조직의 부패방지에 큰 도움이 될 것이다. "JUST DO IT", 이제 실행만이 답이다.

부록

조항별 요구사항 개요

조직의 윤리경영을 글로벌 수준으로 끌어올리기 위해 ISO 37001을 도입하기로 결정하였다면, ISO 37001의 요구사항을 명확히 파악하고 이행하여야 한다. 요구사항에 대한 개요를 정리하면 다음과 같다.[32]

PLAN : 조직상황 (4항)
부패방지경영시스템은 부패리스크를 효율적으로 완화할 수 있도록 조직의 상황과 목적에 맞게 운영되어야 한다. 즉 조직의 대내외 상황을 고려하고, 부패리스크의 관리절차를 유지하는 일련의 조치들에 대해 요구하고 있다.

PLAN : 리더십 (5항)
부패방지경영시스템의 리더십 요구사항은 부패방지와 관련된 리더의 의지를 표명하고, 부패방지방침을 정하고, 조직에 역할과 권한을 부여해야 하는 것을 의미한다.

PLAN : 기획 (6항)
부패방지를 위한 리더십을 바탕으로 조직 내 역할과 책임을 명확히 하였다면, 부패방지를 위한 목표와 방법을 기획해야 한다.

---

32 국민권익위원회 홈페이지 ISO 37001 Study 내용 참조

DO : 지원 (7항)

부패방지경영시스템을 구축하고 리더가 의지를 표명함으로써 계획을 완료하였다면, 구축한 부패방지경영시스템을 실행하여야 한다. ISO 37001의 '지원'이 요구하고 있는 사항은 부패방지경영시스템의 실행을 위해 조직이 지원해야 하는 것들에 대해 설명하고 있다.

DO : 운용 (8항)

부패방지경영시스템의 (1)실행을 위해, (2)실행 과정 중에, (3)실행한 후에 수행해야 하는 가이드라인을 제시하고 있다. 특히 조직의 이해관계자들로부터 발생하는 부패리스크는 예측하기도, 예방하기도 어렵다. ISO 37001은 이러한 부패리스크를 감소시키기 위한 요구사항을 소개하고 있다. 특히 내부고발의 독려는 부패를 사전에 방지할 수 있는 효율적인 방안이 될 수 있다.

CHECK : 성과평가 (9항)

ISO 37001은 부패방지를 위해 조직이 실행한 각종 사업이나 조치들에 관한 성과를 판단하는 구체적인 사항을 제시하고 있다. 즉 성과평가시 요구되는 모니터링/측정/분석 및 평가, 내부심사, 경영검토, 부패방지책임자 검토 등이다.

ACT : 개선 (10항)

ISO 37001은 마지막으로 성과평가를 통해 진단한 부적합한 사항들을 조치하기 위한 대응 가이드라인을 제시하고 있다. 즉 부적합 사항 발견시 조직이 실행해야 하는 구체적인 사항들이 무엇인지 설명하고 있다.

주요 요구사항 해설

조직상황

|

4.1 조직과 조직상황의 이해

조직은 조직의 목적과 관련이 있으며 부패방지경영시스템의 목표를 달성하기 위한 조직의 능력에 영향을 주는 외부와 내부 이슈를 정하여야 한다.

:: 해설 :: **경영시스템 수립의 첫 단계, 먼저 상황을 파악하라!**

이 조항은 부패방지경영시스템을 구축하려는 조직에게 먼저 상황(context)을 파악하라고 요구하고 있다. 그리고 이슈를 '**결정(determine)**' 하도록 규정하고 있다. '결정'은 파악뿐만 아니라 분석 또는 평가를 포함하는 개념이다. '조직의 목적과 관련'이라는 문구에서 '목적'에 대한 별도 정의는 없다. 목적은 일반적인 의미로 해석하여, '미션(mission), 비전(vision), 전략(strategy)'을 의미하는 것으로 이해하면 된다.

4.2 이해관계자의 니즈와 기대 이해

조직은 다음 사항을 정하여야 한다.
a) 부패방지경영시스템에 관련된 이해관계자
b) 이러한 이해관계자와 관련되는 요구사항

:: 해설 :: **이해관계자를 정의하고, 요구와 기대를 파악하라!**

경영시스템을 구축하려는 조직에게 4.1항의 상황 파악과 함께 이해관계자(interested party, stakeholder)를 정의하도록 요구하고 있다. 이해관계자는 조직의 내부 또는 외부에 있다. 이해관계자는 고객, 최종사용자, 조직 내 인원, 주주, 투자자, 공급업체, 사업파트너, 조직 또는 조직의 제품에 의해 영향을 받는 공동체와 공공 관점에서의 사회 등이 될 수 있다.

이해관계자의 '**요구(needs)**'와 '**기대(expectations)**'을 파악하는 것은 경영시스템의 중요한 입력 요소이다. 이해관계자의 요구와 기대가 파악되면 이를 구체적인 요구사항(requirement)으로 전환하여야 한다. 요구사항의 우선순위 및 중요도를 업데이트하고 이를 토대로 조직의 사업계획에 반영될 수 있도록 한다.

4.3 부패방지경영시스템의 적용범위 결정

조직은 부패방지경영시스템의 적용범위를 설정하기 위해 경영시스템의 경계와 적용 가능성을 정하여야 한다. 적용범위를 정할 때, 조직은 다음 사항을 고려하여야 한다.
a) 4.1에 언급된 외부와 내부 이슈
b) 4.2에 언급된 요구사항
c) 4.5에 언급된 부패리스크 평가의 결과
이 적용범위는 문서화된 정보로 이용 가능하여야 한다.

:: 해설 :: **경영시스템의 적용범위를 정하라!**

경영시스템의 적용범위를 **경계**(boundary)와 **적용성**(applicability) 두가지 요소를 명시하고 있다. 사업적 범위, 지리적 범위, 인적 범위, 부패 범위 등으로 구체화할 것을 요구하고 있다.

4.4 부패방지경영시스템

조직은 이 표준의 요구사항에 따라 필요한 프로세스와 그 프로세스의 상호작용을 포함하는 부패방지경영시스템을 수립, 문서화, 실행, 유지 및 지속적으로 검토하여야 하고 필요한 경우 개선하여야 한다.

부패방지경영시스템은 부패리스크를 식별, 평가하고, 부패를 예방, 탐지 및 대응하기 위해 계획된 방법을 포함하여야 한다.

부패방지경영시스템은 4.3에서 언급된 요인을 반영하여 합리적이고 비례적이어야 한다.

:: 해설 :: **경영시스템을 수립, 실행, 유지, 개선하라!**

이 조항은 법률에 비유하면 제1장 총칙에 해당한다. 한마디로 '**프로세스 접근(process approach)**'을 하라는 뜻이다. 프로세스 어프로치는 품질관리 용어였던 PDCA사이클을 경영관리 활동에도 채용하여 계획-실행-평가-개선의 사이클로 바꿔 놓은 것이다.

조직의 경영환경은 내·외부적 요인으로 인해 변화한다. 따라서 조직은 경영환경의 변화에 맞추어 경영시스템을 주기적으로 검토하고 필요한 경우 변경해야 한다. 경영시스템의 '유지(maintain)'는 시스템의 주기적인 검토(periodical review)와 최신화(update)를 의미한다.

ISO 37001은 조직에 의한 부패방지 방침과 절차의 실행을 구체적으로 기술하며 이는 '**합리적이고 비례적**(reasonable and proportionate)'이어야 한다고 밝히고 있다. '합리적이고 비례적'이라는 단어는 선택과 방식에 있어 어느 정도의 자유와 유연성을 허용한다는 의미이다. 이 단어의 사용으로 조직의 부패방지경영시스템이 조직의 부패리스크나 사업 유형에 합리적이고 비례적이라면 인증을 신청할 수 있게 되었다.

4.5 부패리스크 평가

4.5.1 조직은 정기적인 부패리스크 평가(들)을 실시하여야 한다.

a) 4.1에 나열된 요인들을 고려하여 조직이 합리적으로 예상할 수 있는 부패리스크를 식별

b) 식별된 부패리스크에 대한 분석, 평가 및 우선순위 결정

c) 평가된 부패리스크를 완화하기 위한 조직의 현재 관리(existing control)에 대한 적절성 및 효과성 평가

4.5.2 조직은 방침과 목표를 고려하여 조직의 부패리스크 수준을 평가하기 위한 기준을 수립하여야 한다.

4.5.3 부패리스크 평가는 다음을 검토하여야 한다.

a) 조직이 규정한 시기 및 빈도에 근거하여 변경사항 및 새로운 정보가 적절히 평가될 수 있도록 정기적으로 검토

b) 조직의 구조 또는 중대한 변경이 발생한 경우

4.5.4 조직은 부패리스크 평가가 실시되고, 부패방지경영시스템을 설계 또는 개선하는 데 사용되었음을 실증할 수 있는 문서화된 정보를 보유하여야 한다.

:: 해설 :: **부패리스크 평가는 어렵지만 중요하다.**

조직은 내·외부 이슈와 이해관계자 요구 및 기대사항을 파악하였다면, 조직의 목표 달성에 영향을 미치는 부패리스크가 무엇인지 정의해

야 한다. 부패리스크 평가는 다음과 같은 단계로 진행한다.

부패리스크 식별 → 부패리스크 평가 및 우선순위화 → 부패리스크 조치의 적절성과 효과성 평가 → 부패리스크 평가 검토

부패리스크 평가는 **발생가능성(likelihood) 및 영향(impact)**으로 평가할 수 있도록 기준을 수립해야 한다. 어느 누가 평가하더라도 동일한 평가 결과가 나오도록 하는 것이 중요하다.

부패리스크 평가에 대한 자세한 내용은 유엔글로벌콤팩트(UN Global Compact)가 발간한 '**반부패 리스크 평가 안내서(A GUIDE FOR ANTI-CORRUPTION RISK ASSESSMENT)**를 참고하면 된다. 이 안내서는 부패리스크 평가 '방법'에 대한 정보를 제공하고 있다. 부패리스크 평가에서 중요한 원칙 중 하나는 리스크 평가 과정에 들어가는 노력의 정도가 각 기업의 규모나 영업의 특성, 소재지 등에 상응해야 한다는 점이다. 부패리스크 평가는 기업이 처한 독자적인 상황에 맞추어 시행하면 된다. '반부패 리스크 평가 안내서'에 나와 있는 리스크 등록부의 예시는 다음과 같다.

◆ 리스크 등록부의 예시

위치/지역: 국가A 사업부: 조직XYZ			
부패 리스크 요인	현지 사업 환경		
부패 리스크	부당한 사업 결정을 확보, 유지 또는 영향력		

	을 미치기 위해 공무원 에 뇌물 제공		
부패 수법	가) 물품 수입 관련 절 차를 원활하게 하기 위해 혹은 불법 품목 의 수입을 처리하기 위해 세관 공무원에게 부적절한 지급을 하는 행위	나) 세금 납부액을 줄 이거나 면세를 받기 위해 조세 당국에 부 적절한 지급을 하는 행위	
가능성	보통	보통	보통
잠재적 영향	높음	높음	높음
고유 리스크	높음	높음	높음
반부패 통제책	•세관에 대한 부적절 한 지급에 대한 구체 적 내용이 포함되어 있는 '글로벌 반부패 정책 및 절차' •특정 지역 및 핵심 부 서 맞춤형 직원 대상 반부패 교육 •글로벌 내부 고발자 핫라인 •특정 지역/국가의 세 관 공무원에 대한 부 적절한 지급을 대상 으로 연 단위 반부패 감사	•조세 당국에 대한 부 적절한 지급에 대한 구체적 내용이 포함 되어 있는 '글로벌 반 부패 정책 및 절차' •특정 지역 및 핵심 부 서 맞춤형 지원 대상 반부패 교육 •글로벌 내부 고발자 핫라인 •조세 당국에 대한 부 적절한 지급을 대상 으로 연 단위 반부패 감사	•토지 임대 관련 공무 원에 대한 부적절한 지급에 대한 구체적 내용이 포함되어 있 는 '글로벌 반부패 정 책 및 절차' •특정 지역 및 핵심 부 서 맞춤형 지원 대상 반부패 교육 •글로벌 내부 고발자 핫라인 •토지 임대 확보를 위 한 공무원과의 관계/ 거래를 대상으로 연 단위 반부패 감사
통제 리스크 평가	효과적임	효과적임	효과적임
잔여 리스크 평가	낮음	낮음	낮음

출처: 유엔글로벌콤팩트 발간 '반부패 리스크 평가 안내서'
(A GUIDE FOR ANTI-CORRUPTION RISK ASSESSMENT)

리더십

|

5.1 리더십과 의지표명

5.1.1 지배기구
조직에 지배기구가 있는 경우, 지배기구는 다음 사항을 통해 부패방지경영시스템과 관련된 리더십과 의지표명을 입증해야 한다.
a) 조직의 부패방지 방침 승인
b) 조직의 전략 및 부패방지 방침이 일관됨을 보장
c) 조직의 부패방지경영시스템 내용 및 운용에 대한 정보를 계획된 주기로 접수 및 검토
d) 부패방지경영시스템의 효과적인 운용에 필요한, 충분하고 적절한 자원이 할당되고 배분되도록 요구
e) 최고경영자가 조직의 부패방지경영시스템의 실행 및 효과성을 합리적으로 감독
조직에 지배기구가 없는 경우 이러한 활동은 최고경영자에 의해 수행되어야 한다.

5.1.2 최고경영자

최고경영자는 부패방지경영시스템과 관련된 리더십과 의지표명/실행의지(commitment)를 다음사항을 통하여 실증하여야 한다.
a) 조직의 부패리스크를 충분하게 다루기 위해 방침 및 목표를 포함하는 부패방지경영시스템이 수립, 실행, 유지 및 검토됨을 보장
b) 조직의 프로세스에 부패방지경영시스템 요구사항이 통합됨을 보장
c) 부패방지경영시스템의 효과적인 운영을 위한 충분하고 적절한 자원 배치
d) 부패방지 방침과 관련하여 내·외부 의사소통
e) 효과적 부패방지 경영의 중요성, 그리고 부패방지경영시스템 요구사항의 적합성에 대한 중요성을 내부 의사소통
f) 부패방지경영시스템이 목표를 달성하기 위해 적절히 설계되었음을 보장
g) 부패방지경영시스템의 효과성에 기여할 수 있는 인원에 대한 지휘 및 지원
h) 조직 내 적절한 부패방지 문화 촉진
i) 지속적 개선 촉진
j) 기타 관련 경영자/관리자의 책임 범위에 리더십이 적용될 때, 부패의 예방 및 발견에 대한 리더십을 실증하도록 그들의 역할을 지원
k) 의심되는 부패 및 실제 부패에 대한 보고절차 이용을 장려
i) 조직의 부패방지 방침 위반이나 의심되는 위반 사항에 대한 선의적 보고나 타당한 확신에 근거한 보고 또는 거절이 조직의 사업상 손실(부패에 참여한 개인을 제외하

고)을 초래할 수 있음에도 불구하고, 부패 참여를 거절함으로 인해 어떠한 인원들도 보복이나 차별 또는 징계 조치를 받지 않음을 보장

m) 계획된 주기로 부패방지경영시스템의 내용 및 운용, 그리고 심각하거나 조직적인 부패의 혐의를 지배기구(해당하는 경우)에 보고

:: 해설 :: **최고경영자는 리더십과 의지를 표명하라!**

경영시스템의 수립과 운영에 있어 중요한 사항들에 대해 최고경영자(top management)가 앞장서고 있는지? 이를 **실천할 의지**에 대한 증거를 보이라는 요구사항이다.

대표적인 지배기구인 '이사회'는 부패방지경영시스템에 대한 상층부의 리더십과 의지를 표명해야 한다. 조직에 이사회와 같은 지배기구가 없다면, 최고경영자에 의해 수행되어야 한다. 지배기구인 이사회에서 부패방지방침을 승인했다면 최고경영자 역시 부패방지에 대한 자신의 의지를 보여야 한다.

5.2 부패방지 방침

최고경영자는 다음과 같은 부패방지 방침을 수립하고, 유지하며, 검토해야 한다.

a) 부패 금지

b) 조직에 적용 가능한 부패방지법 준수를 요구

c) 조직의 목적에 적절

d) 부패방지 목표의 수립, 검토, 달성을 위한 틀을 제공

e) 부패방지경영시스템의 요구사항을 만족시키기 위한 실행의지의 포함

f) 선의에 의하거나 보복에 대한 두려움이 없이, 신뢰가 있는 합리적인 확신을 바탕으로 문제를 제기할 수 있도록 권장

g) 부패방지경영시스템에 대한 지속적 개선을 위한 의지표명 포함

h) 부패방지 준수 책임자의 권한 및 독립성에 대한 설명

i) 부패방지 방침 미준수로 인해 발생되는 결과에 대한 설명

> 부패방지 방침은 다음과 같아야 한다.
> - 문서화된 정보로 이용 가능함
> - 부패의 리스크가 중간 이상인 비즈니스 관련자와 조직 내에서 적절한 언어로 의사소통 됨
> - 해당되는 경우, 관련 이해관계자에게 이용 가능함

:: 해설 :: **조직이 나아가야 할 방향부터 제시하라!**

방침(policy)은 최고경영자 또는 최고 의결기구(주로 이사회)에 의해 공식적으로 표명된 조직의 **'의도(intentions)'과 '방향(direction)'**을 의미한다. 의지를 표명했다면 조직은 부패방지방침을 세우고 이를 유지 및 검토해야 한다. 방침에는 최고경영자의 '의지(意志)'가 반영되어야 한다. 부패방지방침의 예시는 다음과 같다.

◆ **글로벌 민간기업의 부패방지방침 (예시)**

관부패방지방침
1. 목적
2. 본 정책은 [   ] 등의 모든 직원에게 적용된다.
3. 감독 및 관리
4. 회사는 모든 형태의 뇌물수수와 부패를 금지한다.
5. 허용 가능한 비용
6. 회사는 급행료 지불을 허용하지 않는다.
7. 회사 자원은 정치헌금이나 활동에 사용할 수 없다.
8. 자선 기부와 행사 후원은 특별한 검토가 필요하다.
9. 회사는 정확한 장부와 기록을 유지한다.
10. 청탁과 감청은 신고해야 한다.
11. 회사의 비즈니스 파트너도 동일한 행동을 취하도록 요구한다.
12. 회사는 부적절한 행동에 대해 고객에게 도움을 주지 않는다.
13. 인수합병은 부패방지 실사가 필요하다.
14. 연례교육 및 수료증
15. 신고 및 비보복
16. 징계조치

예시는 참고만 하고, 조직의 사정에 맞게 적절히 작성한다.

방침은 전달과 이해가 중요하다. 조직의 인원들이 방침을 이해하기 위해서는 방침에 대한 교육이 필요하다. 다양한 방법(액자, 패널, 포스터, 인터넷 배너 등)을 통해 조직의 인원들이 평소에 방침을 쉽게 접할 수 있도록 해야 한다.

5.3 조직의 역할, 책임 및 권한

5.3.1 역할과 책임

최고경영자는 5.1.2에 기술된 바와 같이 부패방지경영시스템의 실행 및 준수를 위한 전반적인 책임을 가져야 한다.

최고경영자는 해당 역할을 위한 책임 및 권한이 조직 내에서 할당되고 조직 내의 모든 계층에서 의사소통됨을 보장하여야 한다.

모든 계층의 관리자는 부패방지경영시스템 요구사항이 부서 또는 기능에 적용되고 준수될 것을 요구할 책임이 있어야 한다.

지배기구(해당되는 경우), 최고경영자 및 모든 기타 인원은 조직에서의 그들의 역할과 관련하여 부패방지경영시스템 요구사항의 이해, 준수, 적용에 대한 책임이 있다.

:: 해설 :: **책임과 권한을 명확히 하라!**

누가 어떤 일을 해야 하는지 명확히 정해야 한다. 부패방지경영시스템의 실행과 준수를 위해서는 최고경영자, 관리자, 부패방지준수책임자의 역할 및 책임을 명확히 하는 것이 중요하다. **책임(responsibility)과 권한(authority)은 명문화(明文化)되어야** 한다. 책임에 관한 내용은 '업무분장규정'에 권한에 관한 내용은 '위임전결규정'에 기술하면 된다. 직무기술서(job description)나 부서 업무분장표를 통해 개인별 책임과 권한을 정할 수도 있다.

특히 지배기구 또는 최고경영자로부터 권한과 책임을 위임받은 부패
방지준수책임자는 시스템을 모니터링하고 부패 관련 이슈에 대해 조직
구성원에게 조언과 지침을 제공해야 한다.

5.3.2 부패방지 준수책임자/준수기능

최고경영자는 부패방지 책임자에게 다음 사항에 대한 책임과 권한을 부여해야 한다.
a) 부패방지경영시스템이 조직에 의해 설계되고 실행됨을 감독
b) 부패방지경영시스템 및 부패와 관련된 이슈에 대하여 인원에게 조언과 지침을 제공
c) 부패방지경영시스템이 이 표준의 요구사항과 적합함을 보장
d) 해당되는 경우, 지배기구(있는 경우), 최고경영자, 및 다른 준수 책임자에게 부패방지
   경영시스템의 성과를 보고
부패방지 책임자에게 충분한 자원, 그리고 적격성, 지위, 권한 및 독립성이 가진 인원(들)
에게 부여되어야 한다.
부패방지 책임자는 부패 또는 부패방지경영시스템과 관련하여 어떤 문제나 우려사항이
제기될 필요가 있는 경우 지배기구(해당하는 경우) 및 최고경영자와 직접적이고 신속하
게 접촉하여야 한다.
최고경영자는 조직 외부 인원에게 부패방지 준수기능의 일부 또는 전부를 부여할 수 있
다. 이 경우 최고경영자는 특정 인원이 외부에 위임된 기능에 대해 책임과 권한을 보유하
고 있음을 보장해야 한다.

:: 해설 :: **경영시스템의 책임자를 정하라!**

최고경영자는 회사 경영 전반에 대해 챙겨야 할 일이 너무 많다. 최고
경영자는 본인을 대신해서 경영시스템에 관련된 업무를 담당하는 **경영
대리인(Management Representative: MR)**인 '부패방지책임자'를 지명하여
최고경영자 대신 챙기도록 해야 한다.

조직의 상황에 따라 컴플라이언스 오피서(준법감시인 또는 준법지원인),

공정거래자율준수관리자, 법무실장, 감사실장 등이 부패방지책임자의 역할을 맡기도 한다. 부패방지 책임자의 역량을 강화하기 위한 지속적인 교육이 필요하다.

5.3.3 의사결정의 위임

최고경영자가 인원에게 부패 리스크가 중간 이상인 경우와 관련된 의사결정 권한을 위임한 경우, 조직은 의사결정 프로세스 및 의사결정권자(들)의 권한 수준이 적절하고 실제 또는 잠재적 이해충돌에서 자유로울 것을 요구하는 의사결정 프로세스 또는 일련의 관리체계를 확립하고 유지해야 한다. 최고경영자는 5.3.1에 설명된 부패방지경영시스템의 실행 및 준수에 대한 역할과 책임의 한 부분으로 이 프로세스가 주기적으로 검토됨을 보장해야 한다.

기획

|

:: 해설 :: **리스크가 포함된 것은 예방조치와 관련이 있다.**

경영시스템 내에서 리스크 관리를 하는 것은 '예방조치'로 이해하면 된다. 리스크 관리에 대한 국제표준으로 **ISO 31000(Risk Management)**이 있다. ISO 31000 국제표준은 2019.11.15 한국산업표준 KS Q ISO31000으로 채택되었다. e나라표준에서 KS원문에 대한 열람이 가능하다. ISO 31000은 모든 형태의 조직에서 효과적인 리스크 관리를 위해 범용적으로 적용된다.

6.2 부패방지를 위한 목표와 목표 달성 기획

조직은 관련 기능 및 계층에서 부패방지경영관리시스템 목표를 수립하여야 한다.

부패방지경영시스템 목표는 다음과 같아야 한다.

a) 부패방지 방침과 일관성이 있어야 함

b) 측정 가능해야 함 (가능한 경우)

c) 4.1에 언급된 요인, 4.2에 언급된 요구사항과 4.5에서 파악된 부패리스크를 고려해야 함

d) 달성 가능해야 함

e) 모니터링 되어야 함

f) 7.4에 따라 의사소통되어야 함

g) 필요에 따라 갱신되어야 함

조직은 부패방지 목표에 관하여 문서화된 정보를 유지하여야 한다.

부패방지경영시스템 목표 달성 방법을 기획할 때, 조직은 다음 사항을 결정해야 한다.

- 달성 대상

- 필요 자원

- 책임자

- 목표 달성 시기

- 결과에 대한 평가 및 보고 방법

- 제재 또는 처벌을 부과하는 인원

:: 해설 :: **방침을 달성하기 위한 목표를 수립하라!**

모든 일은 목표가 있어야 성과가 나온다. 이 조항은 방침을 달성하기 위해 구체적인 목표와 추진계획을 수립하여 운영할 것을 요구하고 있다. 조직은 **'관련 기능 및 계층**(relevant functions and levels)'에서 부패방지목표를 수립해야 한다. 즉 목표는 기능별로 수립되고 계층별로도 전개되어야 한다. 가능한 경우 '측정가능한(measurable)' 목표를 수립해야 한다. '측정가능한'의 의미는 정량적(定量的) 목표를 수립해야 한다는 뜻이다. 측정할 수 없다면 목표의 달성 여부를 확인하기 어려워 목표로서의 의미가 없다.

부패방지 목표는 조직 내 각 부서별 업무특성에 따라 달성가능하며 현실적으로 수립되어야 한다. 리스크는 목표에 대한 불확실성의 영향을 말한다. 따라서 **부패방지 목표 수립은 부패리스크 평가 순서 이전에 해야** 하는 것으로, 리스크 관리 전체에 있어 중요하다.

지원

|

7.1 자원

조직은 부패방지경영시스템의 수립, 실행, 유지 그리고 지속적 개선에 필요한 자원을 정하고 제공해야 한다.

:: 해설 :: **목표 달성에 필요한 자원이 무엇인지 파악하라!**

조직은 부패방지경영시스템을 수립하고, 실행, 유지, 개선하는 전 과정에 시간과 인원, 예산 등의 자원을 충분히 지원해야 한다. 하지만 중소기업의 경우 현실적으로 적용하기 어려운 요구사항일 수 있다. ISO 37001에서 말하는 충분한 자원은 조직의 규모와 운영 특성 및 직면한 부패리스크 등에 따라 달라질 수 있다. 필요한 자원은 크게 **인적 자원, 물리적 자원, 재정적 자원**으로 구분할 수 있다. 적절한 인원과 예산 없이는 시스템 운영이 현실적으로 어렵다.

7.2 역량/적격성

7.2.1 일반사항

조직은 다음 사항을 실행해야 한다.

a) 조직의 관리 하에 부패방지 성과에 영향을 미치는 업무를 수행하는 인원(들)에게 필요한 역량 결정
b) 적절한 학력, 교육훈련 또는 경험을 근거로 이러한 인원들이 적격하다는 것을 보장
c) 적용 가능한 경우, 필요한 역량을 갖추기 위한 조치를 취하고 그 조치의 효과성을 평가
d) 역량의 증거로 적절한 문서화된 정보를 보유

:: 해설 :: **적격성은 '직무수행능력'이다.**

조직은 부패방지 성과에 영향을 미칠 수 있는 인원들을 중심으로 그들에게 요구되는 역량이 무엇이고, 그들이 그러한 역량을 갖추었음을 보장해야 한다. 적격성에 대한 기준은 **학력, 교육훈련, 경험**에 근거하도록 명시되어 있다. 적격성 부여 대상으로는 부패방지 책임자, 부패방지 주관부서 직원, 내부심사원, 부패리스크 평가 담당자, 실사 담당자 등을 정할 수 있다.

7.3 인식과 교육훈련

조직은 인원에게 충분하고 적절한 부패방지 인식과 교육훈련을 제공해야 한다. 교육훈련은 다음의 사항을 다루어야 하며

a) 조직의 부패방지 방침, 절차와 부패방지경영시스템 및 준수 의무

b) 부패 리스크 및 부패로 인하여 조직 및 인원에게 초래되는 피해

c) 업무와 관련하여 부패가 발생할 수 있는 상황과 이러한 상황을 인식하는 방법

d) 청탁 또는 뇌물 제공을 인식하고 대응하는 방법

e) 부패를 예방 및 회피하고 중요 부패리스크 지표를 인식할 수 있도록 돕는 방법

f) 개선된 부패방지 성과와 부패 혐의에 대한 신고의 이점을 포함하는 부패방지를 위한 부패방지경영시스템의 효과성에 대한 그들의 기여

g) 부패방지경영시스템 요구사항에 적합하지 않을 경우 미치는 영향과 잠재적인 결과

h) 모든 우려사항을 보고할 수 있는 방법과 대상

i) 이용 가능한 교육훈련 및 자원에 대한 정보

:: 해설 :: **인식과 교육훈련은 쉽고도 어렵다!**

조직의 인원은 부패방지방침뿐만 아니라 경영시스템에 본인들이 어떻게 기여하고 있는지와 경영시스템이 잘못될 경우 어떤 영향이 있는지에 대해 알고 있어야 한다. 조직은 직원들에게 부패에 대한 **인식**

(awareness)을 제고하고, 부패방지경영시스템을 준수할 수 있도록 **최신화된 교육훈련(training)을 정기적으로 제공해야** 한다.

또한 부패리스크의 발생가능성이 중간 이상인 비즈니스 관련자에게도 동일한 교육훈련을 제공해야 한다. 현실적으로 회사 소속이 아닌 비즈니스 관련자를 대상으로 부패에 대한 인식을 제고시키고 교육훈련을 진행하는 것은 어려운 일이다. 이러한 교육훈련은 비즈니스 관련자가 자체적으로 수행하거나 다른 교육기관에 의해 수행될 수 있다.

7.4 의사소통

7.4.1 조직은 다음 사항을 포함하는 부패방지경영시스템에 관련된 내부 및 외부 의사소통을 결정해야 한다.

a) 의사소통 내용
b) 의사소통 시기
c) 의사소통 대상
d) 의사소통 방법
e) 의사소통 담당자
f) 의사소통 언어

7.4.2 부패방지 방침은 조직의 모든 인원과 비즈니스 관련자에게 이용가능 하여야 하고, 부패리스크 중간 이상을 제기하는 인원 및 비즈니스 관련자에게 직접적으로 의사소통되어야 하며, 해당되는 경우, 조직 내·외부 의사소통 채널을 통하여 공개되어야 한다.

:: 해설 :: **제대로 된 의사소통을 하라!**

조직은 항상 의사소통(communication)의 중요성을 강조하지만, 의사소통은 생각보다 어렵다. 부패방지경영시스템에 따라 비즈니스를 수행하기 위해서는 다음의 내용을 포함하여 시스템의 절차 및 범위 등이 **대**

내외적으로 잘 전달될 수 있어야 한다.

> 내용 / 대상 / 담당자 / 시기 / 방법 / 언어(본사 및 활동지역)

특히 부패방지 방침은 모든 내외부 이해관계자들이 열람할 수 있어야 한다. 중간 이상의 부패리스크가 있는 인원과 비즈니스 관련자에게는 직접 전달되어야 한다. 부패방지 방침의 조직 내·외부 공개는 회사 홈페이지, 브로셔, 팜플렛, 리플렛 등의 형태와 공문, 서신, 이메일 등 다양한 형태로 운용할 수 있다.

7.5 문서화된 정보

7.5.1 일반사항

조직의 부패방지경영시스템에는 다음 사항이 포함되어야 한다.
a) 이 표준에서 요구하는 문서화된 정보
b) 부패방지경영시스템 효과성을 위해 필요할 것으로 조직이 결정한 문서활된 정보

:: 해설 :: **문서가 있어야 시스템이 산다!**

문서화된 정보는 인증심사시 객관적 증거로 활용되는 정보로 크게 **문서와 기록**으로 구별된다.

....

| 문서화된 정보(documented information) | = | 문서(document) | + | 기록(record) |

....

문서화된 정보는 문서화(documentation), 문서(document), 문서화된 절차(documented procedure) 및 기록(record)의 개념을 포함한다. 문서화된 정보는 다음을 포함할 수 있다.

> 인원들의 부패방지 방침 접수 / 중간 이상의 부패리스크를 야기하는 비즈니스 관계자에게 부패방지 방침 제공 / 부패방지를 위한 경영시스템 방침, 절차 및 관리방법 / 부패리스크 평가결과 / 부패방지 교육훈련 제공 / 실사 실시 / 부패방지를 위한 경영시스템 실행을 위하여 취한 조치 / 주고 받은 선물, 접대, 기부 및 유사 이익에 대한 승인 및 기록 / 부패방지경영시스템의 약점 및 부패 시도, 의심 또는 발생 사건과 관련하여 제기된 우려에 대한 조치와 결과 / 조직 또는 제3자가 수행한 모니터링, 조사, 심사의 결과

문서로 관리해야 할 정보의 범위는 조직마다 다를 수 있다. 즉 조직의 규모, 사업활동, 산업유형, 인원 역량 등에 따라 조직의 문서화된 정보는 차이가 있을 수 있다. 문서화된 정보는 부패방지경영시스템 하에서 별도로 관리될 수 있지만, 다른 경영시스템의 일부로 보유할 수도 있다.

부패방지 경영시스템 도입과정에서 **문서작업(paper work)**은 불가피하다. 도입 초기에는 문서작업에 많은 시간과 노력을 할애해야 하지만, **시스템의 전산화**가 이루어 진다면 그러한 시간과 노력을 경감할 수 있다.

7.5.2 작성(Creating) 및 갱신
문서화된 정보를 작성하거나 갱신할 경우, 조직은 다음 사항의 적절함을 보장하여야 한다.
a) 식별 및 내용(description) (예: 제목, 날짜, 작성자 또는 문서번호)
b) 형식 (예: 언어, 소프트웨어 버전, 그래픽) 및 매체 (예: 종이, 전자매체)
c) 적절성 및 충족성에 대한 검토 및 승인

7.5.3 문서화된 정보의 관리

부패방지경영시스템 및 이 표준에서 요구되는 문서화된 정보는, 다음 사항을 보장하기 위하여 관리되어야 한다.

a) 필요한 장소 및 시기에 사용 가능하고 사용하기에 적절함

b) 충분하게 보호됨 (예: 기밀유지 실패, 부적절한 사용 또는 완전성 훼손으로부터)

문서화된 정보의 관리를 위해 조직은 다음의 활동 중 적용되는 사항을 다루어야 한다.

- 배포, 접근, 검색 및 사용
- 가독성 보존을 포함한 보관 및 보존
- 변경 관리 (예: 버전 관리)
- 보유 및 폐기

부패방지경영시스템의 기획과 운용을 위해 필요하다고 조직이 정한 외부 출처의 문서화된 정보는 적절하게 식별되고 관리되어야 한다.

운용

|

8.1 운영 기획 및 관리

조직은 부패방지경영시스템의 요구사항을 충족시키고 다음 사항에 의해 6.1에서 결정된 조치를 실행하기 위해 다음 사항에 의해 필요한 프로세스를 계획, 실행, 검토 및 관리해야 한다.

a) 프로세스에 대한 기준 수립

b) 기준에 따라 프로세스 관리의 실행

c) 프로세스가 계획대로 수행되고 있다는 것을 신뢰하기 위해 필요한 정도로 문서화된 정 보의 보유

이러한 프로세스에는 8.2에서 8.10까지 언급된 특정한 관리가 포함되어야 한다.

조직은 계획된 변경을 관리하고, 의도하지 않은 변경의 결과를 검토해야 하며, 필요에 따라 모든 부정적인 영향을 완화하기 위한 조치를 취하여야 한다.

:: 해설 :: **프로세스를 계획, 실행, 검토, 관리하라!**

이 조항은 운영 프로세스를 관리하기 위한 기준을 수립하고, 이 기준에 따라 프로세스를 관리하며 프로세스 관리에 대한 증거를 유지하라는 요구사항이다. 8항은 **각 분야별 표준에서는 그 내용이 매우 달라질 것**이다.

8.2 실사(due diligence)

4.5에서 수행된 조직의 부패리스크 평가가 다음과 관련하여 중간 이상의 부패리스크로 평가된 경우

a) 특정 범주의 거래, 프로젝트 또는 활동

b) 특정 범주의 비즈니스 관련자와의 계획되거나 진행중인 관계, 또는

c) 일정 직위에 있는, 특정 범주의 인원

조직은 이러한 범주에 포함되는 특정 거래, 프로젝트, 활동, 비즈니스 관련자 및 이러한 범

주에 포함되는 인원들과 관련된 부패리스크의 본질 및 범위를 평가해야 한다. 이 평가는 부패리스크를 평가하기 위해 충분한 정보를 확보하는데 필요한 모든 실사를 포함해야 한다. 실사는 변경사항과 새로운 정보가 적절히 반영될 수 있도록, 실사는 정해진 주기로 최신화되어야 한다.

:: 해설 :: **실사(D.D)가 왜 필요한지부터 이해하라!**

조직은 부패리스크 평가 결과, 중간 이상의 부패리스크로 평가되면 리스크의 범위와 규모 및 특성을 파악하기 위해 특정한 거래, 프로젝트 활동, 비즈니스 관련자 또는 조직의 인원에 대해 실사(實査, Due diligence)를 수행해야 한다. 실사는 부패를 예방하고 탐지하기 위한 추가적인 목표관리 활동에 도움이 된다. 또한 거래, 프로젝트 또는 비즈니스 관련자나 인원과의 관계에 대한 중단, 변경 여부 등을 결정할 때 중요한 정보를 제공한다.

실사가 완벽한 도구는 아니다(Due diligence is not a perfect tool). 따라서 조직은 실사 결과를 신중하게 평가하고, 활용이 가능한 사실에 근거하여 합리적으로 판단해야 한다. 실사는 **리스크에 기반한 접근**(risk based approach)을 해야 한다.

조직이 비즈니스 관계자를 대상으로 수행하는 실사의 예를 들면 다음과 같다.

- 질문에 답하도록 요청하는 설문지를 비즈니스 관계자에게 송부
- 비즈니스 관계자와 그 주주 및 최고경영자를 인터넷으로 검색
- 정부, 법원 및 국제적 출처에서 검색
- 국가, 지방정부, 세계은행과 같은 다국적 기구가 보유한 공공단체나 정부단체와의 계약 체결이 제한되거나 금지된 조직의 목록을 공개된 금지목록(debarment list)에서 확인
- 비즈니스 관계자의 윤리적 평판(ethical reputation)에 대해 적절한 다른 단체에 문의 실사 프로세스의 지원을 위해 관련 전문성이 있는 다른 인원이나 조직을 지정

실사는 단순히 형식적으로 실시하면 효과가 없다. 효과적인 실사를 위해서는 **실사가 왜 필요한지**를 명확히 이해한 후에 실사를 해야 한다.

8.3 재무적 관리
조직은 부패리스크를 관리하는 재무적 관리를 실행하여야 한다.

:: 해설 :: **재무적 관리는 기본중의 기본이다!**

재무적 관리는 조직의 재무거래가 정확하고 완전하며 적시성을 가질 수 있도록 돕는 **내부통제 프로세스**이다. 조직은 재무거래 과정에서 발생할 수 있는 부패리스크를 감소시키기 위해 1) 동일한 인원이 지불계획의 수립과 승인을 모두 할 수 없도록 직무를 분리하거나, 2) 지불 승인 시 최소 2명의 서명을 요구하거나, 3) 회계 지출 계정과목 및 실명이 정확·명료하도록 요구하는 등의 방법을 진행해야 한다.

'Four eyes principle'은 어떤 조치를 취하기 전에 항상 두 사람이 승인해야 한다는 요건이다. 'two-man rule'이라고도 한다. 재무적 관리에

서는 이 원칙이 적극적으로 활용될 수 있다.

8.4 비재무적 관리

조직은 조달, 운용, 영업, 상업, 인적자원, 법규 및 규제 활동과 같은 분야와 관련된 부패리스크를 관리하는 비재무적 관리를 실행하여야 한다.

:: 해설 :: 비재무적 관리를 적극 활용하라!

비재무적 관리는 조직의 조달, 운용, 상업적 활동 등 조직의 비재무적 측면이 적절하게 관리되고 있음을 보장할 수 있는 경영시스템이자 프로세스이다. 부패리스크를 줄일수 있는 방법이 포함되어 있으며, 경쟁 입찰시 가능한 3명 이상의 경쟁참가자를 참가시키거나, 입찰 평가시 최소 2명 이상의 인원이 참여하는 등의 다양한 방법을 제시하고 있다.

8.5 통제받는 조직과 비즈니스 관련자의 부패방지 관리 실행

8.5.1 조직은 조직이 관리하는 기타 모든 조직이 다음 사항 중 하나를 요구하는 절차를 실행해야 한다.

a) 조직의 부패방지경영시스템 실행, 또는
b) 자체 부패방지관리의 실행
4.5에 따라 수행된 부패리스크 평가를 반영하여, 통제받는 조직이 직면하는 부패리스크에 대하여, 합리적이고 비례적인 범위 내에서만 다음 사항이 적용된다.

8.5.2 부패리스크 평가 또는 실사를 통해 파악된 중간 이상의 부패리스크에 대해 조직이 통제하지 못하는 비즈니스 관련자, 그리고 비즈니스 관련자가 실행한 부패방지 관리가 관련 부패리스크 완화에 도움이 되는 경우, 조직이 통제하지 못하는 비즈니스 관련자에 대하여 조직은 다음과 같은 절차를 실행하여야 한다.

a) 조직은 비즈니스 관련자가 관련 부패방지 관리수단을 갖추고 있지 않거나 또는 그것을 보유하고 있는지 여부
b) 비즈니스 관련자가 부패방지 관리수단을 갖추고 있지 않거나 또는 그것을 보유하고

:: 해설 :: **이 항목은 현실적으로 실행이 가장 어려운 항목이다!**

통제조직(controlled organization)은 조직이 **통제권(control)**을 갖고 있는 다른 조직을 말한다. 조직이 다른 조직에 대한 경영을 직·간접적으로 관리하고 있다면, 조직은 다른 조직에 대해 통제권을 가지고 있는 것이다. 예를 들어 조직은 위원회에서 과반의 투표권을 행사한다거나, 대주주로서 자회사(subsidiary), 합작투자법인(joint venture), 또는 컨소시움(consortium)에 대한 통제권을 가질 수 있다. 조직은 자회사와 같이 충분한 영향력을 행사할 수 있는 회사에게는 ISO 37001을 실행하거나 자체적으로 부패방지를 위한 액션을 요구해야 한다.

한편 통제할 수 없는 기업에게서 부패 발생의 위험이 높게 감지될 경우에는 부패방지를 위한 관리수단을 보유하고 있는지, 부패방지경영시스템 실행을 요구할 상황인지를 파악해야 한다. 만약 부패방지 수단이 있는지 알 수 없고, 자체적인 노력을 요청하기 어려운 기업이라면 기업평가시 이를 고려하고 해당 기업으로 인해 부패에 연루될 위험이 존재함을 염두에 두어야 한다.

:: 해설 :: **비즈니스 관련자의 의지표명을 서면으로 확보하라!**

통제할 수 없는 중간 이상의 부패리스크를 야기하는 비즈니스 관련자를 대상으로 부패방지에 대한 의지표명을 받아내야 한다. 비즈니스 관련자로 인해 부패가 발생한 경우 거래관계의 종결을 요구할 수 있는 절차가 마련되어 있어야 한다. 의지표명은 가능한 서면으로 확보해야 한다. 그러나 거래관계의 특성상 이러한 사항을 요구할 수 없는 경우에는 의지표명이 없음은 부패리스크 평가와 실사 수행시 반영되어야 한다.

:: 해설 :: **선물 등에 대한 절차를 만들어 시행하라!**

주는 자(giver)나 받는 자(taker) 모두 뇌물을 의도하지 않았다 할지라도 선물, 접대, 기부 및 기타 편익을 제3자(예를 들면 경쟁사, 언론, 검사, 판사)가 뇌물로 간주할 수도 있다는 것을 인지해야 한다. 가급적 제3자가 합리적으로 뇌물이라고 간주할 수 있는 모든 선물, 접대, 기부 및 기타 편익은 피하는 것이 유용한 관리방법이다. 편익에는 다음 사항을 포함할 수 있다.

선물, 여흥 및 접대 / 정치적 기부금 및 자선 기부금 / 클라이언트 대표자나 공직자의 여행 / 홍보비 / 후원 / 지역사회 자선활동 / 클럽 멤버십 / 개인적 호의 / 기밀정보 및 특권 정보

8.8 부패방지 관리의 불충분에 대한 관리

특정 거래, 프로젝트, 활동 또는 비즈니스 관련자와의 관계에 대한 실사가 부패리스크가 기존 부패방지 관리방법으로는 관리될 수 없는 것으로 파악된 경우, 그리고 조직이 관련 부패리스크를 관리할 수 있도록 추가적인 또는 강화된 부패 관리방법 또는 적절한 단계적 조치(예: 거래, 프로젝트, 활동 또는 관계의 성질을 변경하는 것)를 실행할 수 없거나 실행을 원하지 않는 경우, 조직은 다음 사항을 실행하여야 한다.
a) 기존 거래, 프로젝트, 활동 또는 관계의 경우 부패 리스크 및 거래, 프로젝트, 활동 또는 관계의 성격에 부합하는 조치를 취하여 가능한 한 빠른 종결, 보류, 정지 또는 취소
b) 신규 제안된 거래, 프로젝트, 활동 또는 관계의 진행을 연기 또는 거절

:: 해설 :: **통제할 수 없다면 결단을 내려야 한다!**

조직이 통제할 수 없을 만큼 상당한 부패리스크가 실사(D.D)를 통해 드러날 수 있다. 만약 기존의 부패관리 방안과 추가적인 방안을 고려할

경우에도 이를 통제하지 못할 것으로 판단된다면, 기존에 진행되어온 거래 등의 계약은 가능한 빨리 종결, 보류, 정지, 취소를 해야 하며, 신규 계약은 연기하거나 거절해야 한다.

8.9 문제/우려사항 제기

조직은 다음과 같은 절차를 실행해야 한다.

a) 시도 또는 의심되는 실제 부패 또는 부패방지경영시스템에서의 모든 위반사항 또는 취약점을 부패방지 책임자 또는 적절한 인원(직접 또는 적절한 제3자를 통해)에게 선의적으로 또는 타당한 확신에 근거하여 신고할 수 있도록 장려

b) 조사 진행을 위해 필요한 경우를 제외하고, 조직의 보고서를 기밀로 취급하여 보고자 및 보고서에 포함되거나 참고된 다른 인원의 신원을 보호할 것을 요구

c) 익명의 신고를 허용

d) 선의적으로 또는 타당한 확신에 근거하여 부패의 시도, 실제 수수 또는 의심에 대해, 또는 부패방지 방침이나 부패방지경영시스템의 위반에 대해 우려를 제기하거나 신고하는 인원에 대한 보복을 금지하고, 보복으로부터 인원 보호

e) 인원이 부패에 연루될 수 있는 우려 또는 상황에 직면한 경우, 직원이 인원으로부터 무엇을 해야 하는지에 대하여 조언을 받을 수 있도록 할 것

조직은 모든 인원이 신고절차를 인식하고, 이용가능하며, 절차에 따른 자신의 권리와 보호를 인식하고 있음을 보장하여야 한다.

:: 해설 :: **내부고발(whistle-blowing)을 장려하라!**

내부고발에 대한 절차가 마련되어 있다는 것을 조직 구성원들에게 알리는 것만으로도 큰 의미가 있다. 드러나지 않은 부패를 식별하고 발생하게 될 부패를 예방하는데도 효과적이기 때문이다.

ISO 37001은 타당한 확신에 근거한 정보와 선의의 제보는 신고되도록 장려해야 하며, 신고자뿐만 아니라 신고 문서에 참조된 인원에 대한 신원보호를 요구하고 있다. 또한 **익명(匿名)의 신고**(anonymous reporting)를 허용하고 보복으로부터 반드시 보호해야 하며, 이에 연루될 가능성이 있을 경우 적절한 인원에게 조언을 받을 절차가 마련될 것을 요구하고 있다.

조직은 모든 구성원에게 이렇게 안전한 절차가 있음을 인지시키고 이용가능하다는 것을 알게 해야 한다. 이러한 절차는 안전이나 위법 등에 대한 신고절차에 포함시킬 수 있으며, 기업 외부의 관련자가 절차에 대한 관리를 맡을 수도 있다.

8.10 부패의 조사 및 조치

조직은 다음과 같은 절차를 실행해야 한다.

a) 신고, 적발 또는 합리적으로 의심되는 모든 부패에 대해, 부패방지 방침이나 부패방지경영시스템에 대한 위반에 대해 해당되는 경우 평가와 조사를 요구

b) 조사에서 부패 또는 부패방지 방침이나 부패방지경영시스템의 위반이 드러난 경우, 이에 대한 적절한 조치 요구

c) 조사가 가능하도록 조사자들에게 권한 부여

d) 관련된 인원에게 조사에 대한 협조 요구

e) 조사 현황 및 결과가 부패방지 준수기능 및 기타 준수기능에 적절하게 보고되도록 요구

f) 조사가 기밀로 수행되고 조사결과가 기밀로 유지되도록 요구

조사는 조사받는 역할이나 기능 인원 이외의 인원이 수행하고 보고되어야 한다. 조직은 조사를 수행할 비즈니스 관련자를 지명할 수 있으며, 조사받는 역할이나 기능에 포함되지 않은 인원에게 결과를 보고할 수 있다.

:: 해설 :: **부패를 조사하고 적절히 조치하라!**

만약 신고자의 신고를 받거나 부패가 적발될 경우 이를 조사해야 하며, 조사에서 해당 사건이 부패방지경영시스템 위반으로 밝혀지면 **적절**

한 조치를 취해야 한다. 여기에서 적절한 조치란 각각의 개별 사건마다 합리적이고 비례적인 절차를 의미한다.

사건이 발생하게 되면 훈련된 조사자들에게 조사에 관한 권한을 부여한 뒤, 조사 대상에게 협조할 것을 요구해야 한다. 조사는 기밀로 수행되고 결과 또한 기밀로 유지되어야 한다. 조사의 현황과 결과는 최고경영자나 준법 책임자, 부패방지 책임자에게 적절히 보고되어야 한다. 조사를 통해 충분한 근거가 수집되었을 경우 이슈의 상황과 심각성을 고려하여 처벌 등 후속조치를 취해야 한다. 일부 국가에서는 이러한 요구사항 중 일부(익명의 신고 등)를 법으로 금지시키는 경우도 있다. 이러한 경우 법적 금지로 인해 이를 수행할 수 없음을 문서화해야 한다.

성과평가

|

> ## 9.1 모니터링, 측정, 분석 및 평가
>
> 조직은 다음 사항을 결정하여야 한다.
> a) 모니터링 및 측정의 대상
> b) 모니터링 책임자
> c) 유효한 결과를 보장하기 위하여, 필요한 모니터링, 측정, 분석 및 평가에 대한 방법
> d) 모니터링 및 측정 수행 시기
> e) 모니터링 및 측정 결과에 대한 분석 및 평가 시기
> f) 정보의 보고 대상 및 방법
> 조직은 방법 및 결과에 대한 증거로 적절히 문서화된 정보를 보유해야 한다.
> 조직은 부패방지 성과 및 부패방지경영시스템의 효율성을 평가해야 한다.

:: 해설 :: **모니터링, 측정, 분석 및 평가의 대상과 방법 및 시기를 정하라!**

표준은 무엇을, 언제, 어떻게 모니터링하고 측정할 것인지를 제시하지 않고, 조직이 결정하도록 규정하고 있다. 따라서 조직은 부패방지를 위해 실행한 사업 및 조치들의 **본격적인 평가에 앞서 다음과 같은 내용들을 결정해야** 한다.

> 모니터링 대상 / 모니터링 책임자 / 평가방법 / 수행시기 / 결과에 대한 분석 및 평가 시기 / 보고대상 및 방법

모니터링은 시스템, 프로세스 또는 활동의 상태를 결정하는 것이고, 측정은 값을 결정하기 위한 프로세스이다.

9.2 내부심사

9.2.1 조직은 부패방지경영시스템의 다음 사항에 대한 정보를 제공하기 위해, 계획된 주기로 내부심사를 수행해야 한다.

a) 다음 사항을 준수함
1) 부패방지경영시스템에 대한 조직의 자체 요구사항
2) 이 표준의 요구사항
b) 부패방지경영시스템이 효과적으로 실행되고 유지되는지 여부

9.2.2 조직은 다음 사항을 실행하여야 한다.

a) 주기, 방법, 책임, 요구사항의 기획 및 보고를 포함하는, 심사 프로그램의 계획, 수립, 실행 및 유지 그리고 심사프로그램에는 관련 프로세스의 중요성과 이전 심사 결과가 고려되어야 한다.
b) 심사기준 및 개별 심사의 적용범위 규정
c) 심사 프로세스의 객관성 및 공평성을 보장하기 위한 적격성 있는 심사원의 선정 및 심사 수행
d) 심사결과가 관련 경영자, 부패방지 책임자, 최고경영자 및 적절한 경우 관련 지배기구(해당되는 경우)에게 보고됨을 보장
e) 심사 프로그램 실행 및 심사 결과에 대한 증거로 문서화된 정보의 보유

9.2.3 이들 심사는 합리적이고, 비례적이며, 리스크 기반으로 이루어져야 한다. 심사는 다음 사항에 대한 절차, 관리, 시스템을 검토하는 내부심사 프로세스 또는 다른 절차로 구성되어야 한다.

a) 부패 또는 부패 혐의
b) 부패방지 방침 또는 부패방지경영시스템 요구사항 위반
c) 비즈니스 관련자가 해당 조직의 부패방지를 위한 요구사항을 준수하지 못하는 경우
d) 부패방지경영시스템의 약점 또는 개선 기회

9.2.4 조직은 심사 프로그램의 객관성과 공평성을 보장하기 위해, 다음 중 하나의 방법으로 인원에 의한 이러한 심사가 수행됨을 보장해야 한다.

a) 해당 프로세스를 위해 수립되거나 지정된 독립적인 기능 또는 인원
b) 부패방지 책임자(심사 범위가 부패방지경영시스템 그 자체에 대한 평가 또는 부패방지 준수기능의 책임과 관련된 유사한 업무를 포함하지 않는 한)
c) 심사 대상 이외의 부서 또는 기능을 담당하는 적절한 인원
d) 적절한 제3자

:: 해설 :: **시스템의 꽃은 '내부심사'다.**

짧은 기간동안 이루어지는 외부심사는 자칫 '수박 겉핥기'가 되기 쉽다. 결국 내부심사원이 수행하는 '자체심사'가 실질적이고 깊이가 있을 수 있다. 조직은 부패방지경영시스템이 조직의 자체 요구사항과 ISO 37001의 요구사항 모두를 잘 반영하고 준수하고 있는지와 효과적으로 실행 및 유지되고 있는지 여부를 **주기적으로 심사해야** 한다.

조직은 외부의 적절한 제3자를 내부심사원으로 정할 수도 있다. 부패방지경영시스템 도입 초기에 조직의 내부심사원의 역량이 부족한 경우 외부의 전문성있는 제3자(외부 인증심사원 또는 컨설턴트)를 이용하는 것은 내부심사 역량 강화에 도움이 될수 있다. 장기적으로 내부심사원의 역량을 강화하기 위해 지속적으로 노력하는 것이 중요하다.

내부심사도 외부심사와 마찬가지로 ISO 19011 경영시스템 심사를 위한 지침 표준에 따라 심사가 이루어져야 한다. 내부심사원들의 적극적인 참여를 유인하기 위해 조직이 적절한 인센티브를 지급하는 방안을 고려할 수 있다.

9.3 경영검토

9.3.1 최고경영자 검토

최고경영자는 조직의 지속적인 적절성, 충족성 그리고 효과성을 보장하기 위하여, 계획된 주기로 조직의 부패방지경영시스템을 검토해야 한다.

최고경영자는 다음의 고려사항을 포함하여 검토해야 한다.

a) 이전 경영 검토에 따른 조치의 상태

b) 부패방지경영시스템과 관련된 외부 및 내부 이슈의 변화

c) 다음의 경향을 포함하여 부패방지경영시스템의 성과에 대한 정보

1) 부적합과 시정조치

2) 모니터링 및 측정 결과

3) 심사결과

4) 부패에 대한 보고서

5) 조사

6) 조직이 직면한 부패리스크의 성질과 범위

d) 부패리스크를 다루기 위한 조치의 효과성

e) 10.2에 언급된 바와 같이 부패방지경영시스템의 지속적인 개선 기회

최고경영자 검토결과는 지속적인 개선 기회 및 부패방지경영시스템 변경에 대한 필요성에 관한 결정을 포함하여야 한다.

최고경영자 검토결과는 요약하여 지배기구(해당하는 경우)에 보고해야 한다.

조직은 최고경영자 검토결과의 증거로써 문서화된 정보를 보유하여야 한다.

:: 해설 :: **경영검토는 최고경영자가 직접 챙겨라!**

경영대리인 부패방지책임자에게 책임과 권한이 부여되었다 하더라도 경영시스템이 제대로 운영되고 있는지를 **최고경영자가 정기적으로 직접 검토해야** 한다. 경영검토의 결과물은 개선 기회 및 시스템 변경 필요성 관련 내용을 포함해야 한다. 또한 그 내용을 요약하여 이사회(존재하는 경우)에 보고하고 문서화된 정보로 보유해야 한다. 경영검토의 보고 주기는 **최소 연1회** 실시할 것을 권장한다.

개선

|

10.1 부적합 및 시정조치

부적합 발생 시, 조직은 다음 사항을 실행하여야 한다.

a) 부적합에 대하여 즉시 조치하고, 적용 가능한 경우

1) 부적합을 관리하고 시정조치를 취함

2) 결과를 처리

b) 부적합이 재발하거나 다른 곳에서 발생하지 않도록 다음을 통해 부적합의 원인을 제거하기 위한 조치 필요성을 평가

1) 부적합을 검토

2) 부적합 원인의 결정

3) 유사한 부적합이 존재하거나 잠재적으로 발생할 수 있는지에 대하여 결정

c) 필요한 모든 조치를 실행

d) 취해진 모든 시정조치의 효과성 검토

e) 필요한 경우 부패방지경영시스템의 변경

시정조치는 직면한 부적합의 영향에 적절하여야 한다.

조직은 다음 사항의 증거로써 문서화된 정보를 보유하여야 한다.

- 부적합의 성격 및 취해진 모든 시정조치

- 모든 시정조치의 결과

:: 해설 :: **부적합이 반복되지 않도록 하라!**

부적합(nonconformity)은 '요구사항의 불충족'이다. 요구사항을 충족시키지 못하므로 적합하지 않다는 뜻이다. 실수는 있을 수 있지만, **실수가 반복되지 않도록 확실한 방지대책을 취해야** 한다. 잘못된 근본 원인이 무엇인지 찾아서 제거해야 한다. 시정조치의 목적은 부적합이 반복되지 않도록 '재발방지(prevention of recurrence)'를 취하는 것이다.

10.2 지속적 개선
조직은 부패방지경영시스템의 적절성, 충족성 및 효과성을 지속적으로 개선해야 한다.

:: 해설 :: **환경이 변하면 조직도 변해야 한다.**

조직의 환경은 항상 변한다. 내·외부 환경이 변하고 있는데도 조직의 시스템이 변하지 않으면 말이 안된다. **조직이 변화하는 환경에 대응하고 성과를 향상시키기 위해서는 지속적으로 시스템을 개선(improvement)해야** 한다. 결국 조직의 우수성은 변화에 대한 대응 능력에 비례하는 것이다. 지속적 개선은 저절로 이루어지지 않는다. 조직 내에서 체계적으로 이루어짐을 보장할 수 있도록 지속적 개선을 위한 프로세스를 수립하고 운영해야 한다.

참고문헌

- 국민권익위원회 홈페이지 ISO 37001 Study, 2018
- ISO 경영시스템의 뉴 패러다임, 홍종인/박지혁, 한국표준협회미디어, 2015, 53~109페이지
- 컴플라이언스경영전문가CCP자격검정수험서, 한국공정경쟁연합회, 2017년
- 부패방지경영시스템(ISO37001) KS 표준제정의 의의와 과제, 홍미경/김충호, 한국표준협회, 2018년

ISO 37001 도입 및 인증 국내기업 사례[33]

2017년 11월 ISO 3701이 국내 산업표준으로 제정된 이후, 국내 조직들의 ISO 37001 도입과 인증은 갈수록 늘어나고 있다. 2019년 2월 기준으로 총 94개 조직이 인증을 획득한 것으로 확인되고 있으나, 그 이후에도 더 많은 조직이 인증을 획득한 것으로 추정된다. 국민권익위원회가 ISO 37001을 도입한 국내 기업의 담당자들과 인터뷰를 한 내용을 종합하여 정리해 보면 다음과 같다. 인터뷰를 한 기업은 한미약품, 영진약품, 한국전력공사, DGB금융지주, 롯데홈쇼핑, 한국농수산식품유통공사, 대우건설이다.

---

33 출처: 국민권익위원회 기업윤리 브리프스 [블랙스완을 막아라] 한미약품, 전사적 위기대응 역량 시스템 가동, 뉴시스, 2020.2.23자 기사 부정비리로 얼룩진 대구은행의 수난사, 노컷뉴스, 2018.12.27자 기사

◆ 도입한 기업들이 알려주는 A-Z 요약

Q	A
ISO 37001을 도입하게된 배경은?	▶ 부패로 인해 발생한 경영위기
도입 준비과정에서 특히 어려운 점은?	▶ 조직 구성원에 대한 설득
도입 이후 달라진 점은?	▶ 부패는 예방가능하다는 자신감, 기업 이미지 제고
도입 예정기업에 줄 수 있는 팁(tip)은?	▶ 기존 체계를 활용하면 어렵지 않아, 일단 시작해 볼 것

◆ Q1) ISO 37001을 도입하게 된 배경

최근 국내에서도 공정성과 반부패에 대한 기준이 세계적인 수준으로 높아졌다. 비윤리적인 기업은 명성(reputation)에 금이 가고, 소비자들에게 외면받게 되었다. 실제로 상당수 기업들이 이러한 **경영리스크를 극복하기 위한 목적**으로 ISO 37001을 도입했다.

2018년 DGB금융그룹은 부패비리 사건으로 연일 언론 지상에 오르내렸다. 사태는 CEO의 사임까지 치달았다. 기업 이미지 실추는 물론 고객 신뢰까지 잃을 위기였다. 롯데홈쇼핑, 한국농수산식품유통공사도 비슷한 위기를 맞아 대대적인 쇄신이 필요한 상황이었다.

생각보다 많은 기업이 **부패로 인한 경영위기를 실질적으로 타개할 솔루션이 필요**했던 것이다. ISO 37001은 이러한 경영위기를 극복하기 위한 해결책 중 하나로 도입되었다.

◆ Q2) ISO 37001 도입 준비과정에서 어려운 점

기업들이 꼽았던 가장 어려운 점은 임직원들의 자발적인 참여를 이끌어 내는 일이었다. 업무가 더 생기는 것으로 받아들여 방어적인 태도를 보이는 구성원들을 설득하는 것도 커다란 난관이었다. 이를 극복하기 위해 기업들이 적용한 해결책은 다음과 같다.

• 조직 단위로 전담 담당자 지정
• 기존 부패방지 체계와의 연결고리를 찾아 업무의 지속성 확보
• 외부 전문가 및 교육 콘텐츠의 활용

- TF팀 발족
- 윤리경영 소직지 발행 등 문화적 노력 전개

◆ Q3) ISO 37001 도입 이후 달라진 점

기업들이 가장 많이 꼽은 달라진 점은 **구성원들의 인식 변화**였다. 부패는 예측할 수 없는 사고가 아니라, 충분히 예방 가능한 일이라는 자신이 생겼다. 시스템을 도입하는 과정에서 업무 프로세스를 객관적으로 쪼개고 부패가 발생할 수 있는 지점들을 발견해 예방책을 세우다 보면, 누구나 부패 수준과 부패 리스크 파악을 할 수 있게 되기 때문이다.

함께 일하는 **파트너사의 인식 변화**가 생겼다는 기업들도 있다. 공급망 전체의 부패 리스크가 감소한 것이다. **업계 내 윤리경영 인식의 확산과 기업 이미지 제고** 효과 또한 ISO 37001을 도입한 기업들이 공통적으로 말하는 긍정적 효과이다.

◆ Q4) ISO 37001 도입 예정기업에게 줄 수 있는 팁(tip)

생각만큼 어렵지 않으니 **일단 시작해 보라**는 답변이 많았다. ISO 3701 도입시 일련의 프로세스가 있는데, 그 과정 속에서 자연스럽게 부패방지 활동 체계가 구축된다는 것이다.

다음은 먼저 도입한 기업 담당자들이 말하는 실질적인 팁이다.

- 외부의 다양한 교육 콘텐츠와 타 회사의 멘토링을 활용하라.
- 설명회에 참여하고 충분한 사전 자료를 확보하라.
- 상당수 기업들이 비슷한 규정이 있을 것이다. **기존 체계와 융합**하라.
- 기존 전산시스템에 ISO 37001 체계를 최대한 녹여보라. 모니터링이 수월해 진다.
- 공감대 형성을 위한 교육 및 활동을 지속적으로 전개하라. 일회성 조치가 아님을 보여줘라.

한미약품 사례

|

한미약품은 국내 제약업계에서 최초로 ISO 37001을 도입하고 인증을 취득했다. 한미약품은 ISO 37001 도입 이전에도 제약업계 최초로 2007년 공정거래자율준수프로그램(Compliance Program: CP)를 도입하여 운영해 왔다. 2013년부터는 공정거래위원회 CP등급평가를 통해 CP 운영의 실질적 효과를 조직문화에 내재화했다. 한미약품은 글로벌 제약기업과의 협력과 교류가 증가함에 따라 기존의 컴플라이언스 제도 운영을 고도화하면서 글로벌 스탠다드를 적용해 상호 시너지를 얻을 수 있는 방안을 고민하게 되었다. 그러한 고민을 계기로 한미약품은 2017년 11월 국내 제약업계 최초로 ISO 37001 인증을 취득하고 현재까지 모범적으로 유지하고 있다.

한미약품은 이례적으로 다른 경영시스템표준(MSS) 인증도 추가로 취득했다. 한미약품 그룹은 국내 제약업계 최다인 총 7개의 국제표준 인증을 확보하고 있다. 한미약품 그룹 전체로는 부패방지경영시스템(ISO 37001), 정보보안 경영시스템(ISO 27001), 사업연속성 경영시스템(ISO 22301) 인증을 취득했다. 팔탄·평택 플랜트와 연구센터, 한미정밀화학, 북경한미약품은 안전보건경영시스템(ISO 45001), 환경경영시스템(ISO 14001), 의료기기품질경영시스템(ISO 13485) 인증을 취득했다.

한미약품은 부패방지 관리업무를 회사내 인트라넷(CES)에 시스템화

(化)하여 운영하고 있다. 회사는 시스템화(化)를 통해 각 부서의 부패리스크 평가 진행사항과 다양한 부패방지 관리활동을 모니터링할 수 있게 되었다.

【한미약품 부패방지경영시스템의 주요 특징】

- 2017년 11월 제약업계 최초로 ISO 37001 도입, 인증
- CP제도 및 ISO 37001(ABMS) 병행 운영
- ISO 37001 인증 이후 다른 ISO 경영시스템표준 추가 인증 취득
- 부패방지 관리업무를 회사내 인트라넷(CES)에 시스템화
- 인증기관 : 한국컴플라이언스인증원

DGB금융지주 사례

|

　DGB금융지주는 국내 금융권 최초로 ISO 37001을 도입한 금융지주 회사이다. 창립 51주년을 맞이한 2018년 한해동안 DGB 대구은행은 각종 부정비리 사건이 발생했다. 임직원이 연루된 비자금 횡령 사건을 발단으로 수성구청 펀드 손실금 보전 사건이 드러났고, 직원 부정채용 사건까지 겹쳤다. 일련의 스캔들로 퇴진 압박을 받았던 전 대구은행장은 자리에서 물러나고 약 한달만에 구속되었다. 또 직원 부정 채용에 관여한 혐의로 전 인사부장이 구속되는 등 은행 임직원 13명이 줄줄이 법정에 서는 불명예를 안았다. 그룹 출범 이후 처음으로 지주회장과 은행장을 분리하기로 결정하고 외부 출신 인사가 DGB그룹 회장에 선임되었다. 이와 함께 조직 쇄신 차원으로 임원진을 물갈이하고, 규정을 손질하는 등 지배구조를 개선하는 작업에 본격적으로 뛰어들었다. 부정비리로 얼룩진 수난사를 겪었으며 그룹의 이미지에 큰 타격을 받고, 고객의 신뢰마저 잃을 위기에 놓이게 된 것이 DGB금융지주가 ISO 37001을 도입하는 계기가 되었다.

【DGB금융지주 부패방지경영시스템의 주요 특징】

- 2018년 12월 국내 금융지주 최초로 ISO 37001 도입, 인증
- 2018년 부정비리 사건으로 그룹 이미지 훼손 및 고객 신뢰 추락 등 경영 위기 발생
- 신임 회장 취임 후 CEO의 강력한 의지 표명
- 인증기관 : 한국표준협회

◈ 장대현

저자약력

- 미국 SCCE Compliance & Ethics Academy 수료
- 서울대학교 법과대학 법학연구과정 수료
- 연세대학교 법무대학원 졸업(법학석사)

- 現) 한국컴플라이언스아카데미㈜ 대표이사
- 現) GPC 인정 ISO 37001 국제인증심사원 연수기관 전임교수
- 現) 한국컴플라이언스인증원 전문위원
- 現) 철강전문지, 페로타임즈『장대현의 컴플라이언스』고정 칼럼니스트
- 現) 시사주간지, 더스쿠프『장대현의 컴플라이언스 경영』고정 칼럼 니스트
- 現) 로데이터 교수 및 전문위원
- 現) 톰슨로이터 로앤비『Legal Risk Management』전문강사
- 前) 스틸프라이스『장대현의 컴플라이언스』고정 칼럼니스트
- 前) 동국제강그룹 법무팀장, 윤리경영팀장, 준법지원인
- 前) 서울반도체 법무팀장, 전략기획팀장

주요 자격사항

- 경영지도사(Certified Management Consultant)
- 컴플라이언스경영전문가(Certified Compliance Professional)
- ISO 37001(부패방지경영시스템) 국제인증 검증심사원(Senior Auditor)
- ISO 37301(컴플라이언스경영시스템) 인증심사원
- ISO 9001(품질경영시스템) 인증심사원
- ISO 45001(안전보건경영시스템) 인증심사원

주요 논문 및 연구실적

- 정리회사의 M&A에 관한 연구 (연세대학교 법무대학원 법학석사학위논문) 2004
- 공저, 컴플라이언스솔루션, 준법경영의 해법 (한국컴플라이언스아카데미) 2019
- 컴플라이언스의 시작 (스틸프라이스, 2018.1.26)
- 준법지원인 유감 (스틸프라이스, 2018.2.27)
- 리베이트와 선샤인 액트 (스틸프라이스, 2018.3.20)

- 어느 인사팀장의 구속 (스틸프라이스, 2018.4.10)
- 준법경영시대의 삼성 (스틸프라이스, 2018.5.1)
- 삼바의 분식 (스틸프라이스, 2018.5.18)
- 담합의 유혹 (스틸프라이스, 2018.7.20)
- 공(公)피아의 인생 이모작 (스틸프라이스, 2018.8.6)
- 화차(火車)가 된 명차(名車) (스틸프라이스, 2018.8.13)
- 전속고발권에 대한 단상 (스틸프라이스, 2018.8.30)
- 법인카드 관리지침 (스틸프라이스, 2018.9.11)
- 리니언시의 추억 (스틸프라이스, 2018.9.18)
- KT 전 사장의 구속… 작은 부패 '바위 뚫은 낙숫물' (페로타임즈, 2019.4.14)
- 두 직원의 엇갈린 운명 (페로타임즈, 2019.5.16)
- 부패의 어원 (페로타임즈, 2019.5.28)
- 지나친 자식 사랑 (페로타임즈, 2019.6.19)
- 부패방지의 솔루션 (페로타임즈, 2019.7.23)
- 방치된 준법경영 (페로타임즈, 2019.8.20)
- 해외뇌물 (페로타임즈, 2019.10.24)
- A중공업의 뇌물사건 "한국 FCPA 무방비 노출" (페로타임즈, 2020.1.21)
- 임원의 자격 (페로타임즈, 2020.3.31)
- 국제뇌물방지법을 아시나요? (페로타임즈, 2020.4.17)
- 컴플라이언스가 뭐예요? (더스쿠프, 2019.11.1)
- 기업이 준법지원인 외면받는 몹쓸 이유 (더스쿠프, 2019.12.13)

- 해외뇌물주의보, 뒷돈 줬다간 '벌금폭탄' (더스쿠프, 2020.1.8)
- 청렴국 기업은 청렴할까 (더스쿠프, 2020.2.10)
- 연방양형기준 제8장과 이재용의 감형 (더스쿠프, 2020.3.16)
- 부패방지의 솔루션, ISO 37001 (대한변협신문, 2019.9.9)

부패방지의 솔루션, ISO 37001

초판 1쇄 인쇄 2020년 05월 29일
초판 1쇄 발행 2020년 06월 05일

지은이 장대현
펴낸이 류태연

편집 렛츠북 편집부 | **마케팅** 이재영

펴낸곳 렛츠북
주소 서울시 마포구 독막로3길 28-17, 3층(서교동)
등록 2015년 05월 15일 제2018-000065호
전화 070-4786-4823 **팩스** 070-7610-2823
이메일 letsbook2@naver.com **홈페이지** http://www.letsbook21.co.kr

ISBN 979-11-6054-369-8 13320